中国学生体质健康测试中心规范指南

张一民　秦春波　冯春生　著

WUHAN UNIVERSITY PRESS
武汉大学出版社

图书在版编目(CIP)数据

中国学生体质健康测试中心规范指南/张一民,秦春波,冯春生著.—武汉:武汉大学出版社,2021.1
ISBN 978-7-307-21882-6

Ⅰ.中… Ⅱ.①张… ②秦… ③冯… Ⅲ.学生—身体素质—健康教育—中国—指南 Ⅳ.G807-62

中国版本图书馆 CIP 数据核字(2020)第 214356 号

责任编辑:徐胡乡　　责任校对:汪欣怡　　整体设计:韩闻锦

出版发行:**武汉大学出版社**　(430072　武昌　珞珈山)
(电子邮箱:cbs22@ whu.edu.cn　网址:www.wdp. com.cn)
印刷:武汉中科兴业印务有限公司
开本:720×1000　1/16　印张:14　字数:249 千字　插页:1
版次:2021 年 1 月第 1 版　2021 年 1 月第 1 次印刷
ISBN 978-7-307-21882-6　定价:68. 00 元

前　言

少年强，则国强。少年强，应是青少年整体素质的强大，但在中国应试教育背景下，普遍存在重智育、轻体育的观念，体质健康成为学生素质发展的短板。实际上，若想在激烈的教育竞争中占得一席之地，体质健康非常重要。

为切实提高学生体质健康水平，教育部2014年印发了《学生体质健康监测评价办法》等三个文件。文件明确表示：支持有条件的学校设立学生体质健康监测、研究或服务机构，建设专业化的测试、服务和研究人员队伍。

基于上述因素和条件，从学校体质健康需求出发，以建设学生体质健康测试中心（以下简称中心）为重点，创新驱动教育科技研究院邀请秦春波、张一民、冯春生（共同第一作者）撰写了《中国学生体质健康测试中心规范指南》一书。

本书收集了相关政策文件，提出了建设中心的意义和功能定位，并就中心建设提供了详细的场地规划和器材配置。同时按照学生体质健康测试流程，细致阐述了学生体质健康测试、数据上报环节操作方法。除此之外，本书围绕学生体质健康，依托身体运动功能训练体系，提出了学生体质健康运动指导方案。

本书共分为4篇共9章，从学生体质制度发展、中心建设与管理、测试操作、体质健康运动指导方案四个方面入手，在编写过程中力求内容简明实用，结构层次清晰，切实满足学校学生体质健康需求。

在撰写过程中，得到了各院校老师和相关单位的大力支持和协助，在此一并感谢！不足之处，望斧正。

作　者

2019年7月

目　录

第一篇

学生体育锻炼标准和体质健康调研

第一章　学生体育锻炼标准制度的创立与发展

第一节　实施学生体育锻炼标准的意义

体育锻炼标准是国家的一种体育制度。早在19世纪后期，许多国家为了激励青少年积极参加体育锻炼，就先后试行过一系列的体育锻炼标准。如，1880—1900年，美国人萨特金制订的体力测试法在美国盛行，以后发展成为《美国青少年身体素质测试标准》；日本文部省先后制定了《小学生体育测试实施条例》等。其目的是通过国家行为，采用制定与颁布实施相应的体育锻炼标准，鼓励与号召青少年积极参加体育锻炼，从而达到增强体质，促进健康的目的。

我国实施体育锻炼测试制度已经有60余年历史，从1949年至今，体育、教育行政部门就先后在不同时期颁布实施了面向全体国民的《劳卫制》（1954年）、《国家体育锻炼标准》（1975年），以及专门面向广大青少年的《青少年体育锻炼标准》（1964年）、《学生体育锻炼合格标准》（1990年）、《学生体质健康标准》（试行方案）（2002年）、《国家学生体质健康标准》（2007年，2014年）6个体育锻炼标准。进入21世纪以来，体育总局与教育部为了深入贯彻落实新时期体育、教育事业发展目标，于2013—2014年分别修订了《国家体育锻炼标准》与《国家学生体质健康标准》，从此我国建立了面对全体国民的体育锻炼制度，极大地推动了全民健身计划的发展。

回顾我国各历史时期推行的青少年体育锻炼标准与国家体育锻炼标准的基本特征，一般都具有测试、评价与指导锻炼的功能，其主要意义体现在：

一是实现“身心健康，强健体魄”目标的有力抓手。

《国家体育锻炼标准》是经国务院批准实施的体育制度，《体育法》明确规定：学校必须实施国家体育锻炼标准，对学生在校期间每天用于体育活动的时间给予保证。所以，青少年体育锻炼标准是《国家体育锻炼标准》在学校的具体体现，其目的就是鼓励广大青少年自觉、积极地锻炼身体，以实现

“身心健康，强健体魄”的目的，为全面落实我国新时期建设“人才强国”和“人力资源强国”提供保障。此外，现阶段大力提倡与推进青少年体育锻炼标准，还能极大地提升学生积极参加锻炼的兴趣，纠正和改变当前学生体质健康状况的突出问题，从而彻底突破困扰学校体育发展的“瓶颈”，最终为实现教育现代化奠定基础。

二是贯彻“健康第一”教育思想的重要举措。

1950 年 6 月，毛泽东同志给当时的教育部长马叙伦的信中提出：“各校应注意健康第一，学习第二。”那时“健康第一”思想就是针对之前遗留下来的学生体质健康状况极差的现状提出来的，与“增强体质”词异义同。1999 年 6 月，《中共中央国务院关于深化教育改革全面推进素质教育的决定》指出：“健康体魄是青少年为祖国和人民服务的基本前提，是中华民族旺盛生命力的体现。学校教育要树立健康第一的指导思想，切实加强体育工作。”2001 年 6 月，《国务院关于基础教育改革发展的决定》中又明确提出基础教育要贯彻“健康第一”的思想，切实提高学生体质健康水平。

众所周知，学校体育直接担负着“增强学生体质”和“促进学生健康”的使命。而当前我国学校体育面临的最大困难就是“学生体质健康水平下降”等问题，并由此产生了一个新问题，那就是在当前我国全面建设小康社会的进程中，青少年体质健康却越来越差，显然，这与我国“两个一百年”的发展目标格格不入。所以，大力推进《国家学生体质健康标准》不仅是积极贯彻落实《中共中央国务院关于深化教育改革全面推进素质教育的决定》中提出的“健康第一”思想的重大举措，也是深化学校体育教学改革、推进素质教育的重要举措。

三是实施“健康教育”的重要手段。

2002 年，世界卫生组织指出现代社会带给人类健康的威胁是“瘟疫、传染病、感染病等大幅度降低”，而“肥胖、肌力减退越来越严重，高血脂、高血压、高胆固醇增加迅速，高血糖、糖尿病增加迅速，心脏病、癌症、脑血管疾病快速增加”等。究其原因，除了人类饮食结构改变、生活舒适度提高以及生存环境恶化等因素外，严重缺乏身体活动或体育锻炼是造成“亚健康”状态或各类“慢性疾病突增”的第一“独立”危险因素。所以，实施《国家学生体质健康标准》对于强化青少年的健康意识、改变不良生活习惯、激励广大青少年积极参与体育锻炼有重要的现实意义。此外，《国家学生体质健康标准》的实施，不仅仅是针对青少年个体的身体形态、机能、素质进行评价，而且还能帮助青少年及时发现自身身体发育的不足，并通过参加“每天锻炼 1

小时”等“阳光体育运动计划”，最终达到促进身心健康、强健体魄的目标。

四是建立健全青少年体育锻炼制度的必由之路。

学生体质健康评价是学校体育工作中的重要环节，也是教育现代化评价体系中的重要组成部分，其成败直接关系到我国是否能够在2020年实现“教育要率先实现现代化”的目标。《国家学生体质健康标准》继承了苏联“劳卫制”，以及我国《国家体育锻炼标准》《学生体育锻炼合格标准》等的成功经验，认真总结《学生体质健康标准》（试行方案）的基础上，根据2007年“中央7号”文件精神与当前学校体育工作中面临的学生体质健康水平下降，以及超重肥胖检出率继续上升等问题，吸收了国际上的先进经验，对《学生体质健康标准》（试行方案）进行了修改和完善，最终确定《国家学生体质健康标准》为《国家体育锻炼标准》中青少年部分。

若从建立和完善我国学校教育评价体系的角度出发，《国家学生体质健康标准》的出台，不仅充分彰显了学校体育在教育中的地位与价值，而且还突出了学校体育未来的改革方向要紧紧围绕促进学生“身心健康，强健体魄”来开展各项工作。若从学生评价角度出发，《国家学生体质健康标准》不仅仅是学生体质健康的个体评价标准和是否能够毕业的基本条件之一，而且还是激励学生积极参加体育锻炼、促进学生体质健康发展的一种教育手段。可以预见，伴随青少年体育锻炼标准制度的不断推进，将会引领更多的青少年为努力拥有健康体魄和健全人格而投身到体育锻炼中。

第二节　学生体育锻炼标准制度的创立与发展

一、青少年体育锻炼标准的初创

中华人民共和国成立初期，为改变“东亚病夫”的形象，党和国家确立了重视发展体育事业、增强国民体质的指导思想。1950年，中国体育代表团访问苏联，全面考察和学习了苏联体育的经验，引进了“准备劳动与卫国”体育制度。1951年始，在北京、上海等地试行与“劳卫制”相仿的《体育锻炼标准》，同年8月6日，中央人民政府政务院在《关于改善各级学校学生健康状况的决定》中指出：“增进学生身体健康，乃是保证学生完成学习任务，并培养出有强健体魄的现代青年的重大任务之一。各级人民政府教育行政部门及各级学校教职员必须严肃注意这一问题，立即纠正忽视学生健康的思想和对学生健康不负责任的态度，切实改善各级学校的学生健康状况。”1954年5月

4 日，经政务院批准，原国家体育运动委员会正式颁布实施了中华人民共和国第一个面向全体国民的《关于公布准备劳动与卫国体育制度暂行条例、暂行项目标准、预备级暂行条例的通告》。

据历史记载，当年全国的大、中学生都必须按照要求参加体育锻炼和测验，这不仅是学校的一项“政治任务”，而且还是评选“三好生”的必备条件。那时的大、中学生中没有“小胖墩”“豆芽菜”，更没有“近视眼”，“天天上操场，人人都锻炼，身体是革命的本钱”，大家心中只有一个信念，一定要带着好身体、好成绩报效祖国，体育锻炼蔚然成风。1952—1954 年，“全国有 187 所中等以上学校的 127400 多名学生参加了‘一级’锻炼，有 3360 多所中等以上的学校 1159000 多名学生参加了‘预备级’的锻炼”。

1955 年，教育部在《关于改进中小学体育工作的联合指示》中指出：“关于以劳卫制为中心改进体育课和课外体育活动的问题，中等学校体育的目的和劳卫制的目的是一致的。”所以，原国家体育运动委员会颁布实施“劳卫制”是中华人民共和国第一个涉及学校体育、群众体育的体育制度，也是第一部涉及增强青少年体质健康的体育锻炼标准，其历史贡献不仅是普及了体育项目，带动了全国人民参加体育锻炼的热潮，而且还初步创立了较为完善的体育锻炼标准与评价制度，强调了体育锻炼制度应该与体育课教学、课外体育活动相结合，与学校体育工作相互促进，实现为社会主义建设培养健康、勇敢的劳动者和保卫者。

遗憾的是，20 世纪 50 年代后期，我国与苏联在意识形态方面发生了严重的分歧，加之 3 年自然灾害，粮食与副食品严重短缺，国家实行了“休养生息”政策，特别是 1958 年开始的“大跃进”“浮夸”“冒进”等出现在各类学校的体育锻炼中，导致“劳卫制”也不了了之。1964 年，在全国体育工作会议上，根据周恩来总理关于“‘劳卫制’已经不符合我国习惯”的指示，原国家体育运动委员会正式将“劳卫制”更名为《青少年体育锻炼标准》，但是锻炼内容与测试项目没有改变。截至 1965 年，全国共有 4280 万学生达到《青少年体育锻炼标准》规定的各级标准。1966 年以后，受“文革”的影响，该标准被迫停止施行。

据新华社报道，2014 年 3 月 24 日，俄罗斯总统普京签署命令，恢复苏联时期的“劳动与卫国制度”，新版“劳卫制”已于 2014 年 9 月 1 日生效实施。正如克里姆林宫网站援引普京的话说道：“我们选择制定这一体育标准是为更好地保证国民身体素质发展，传承体育文化和体育精神。希望这一教育主题能够获得认可。”可见，青少年体育锻炼标准与相关制度的建立在推动社会经济发展中有着不可替代的效益。

二、国家体育锻炼标准的由来

1971 年，周恩来总理在“文革”以来的第一次全国体育工作会议上，提出恢复体育锻炼标准的建议。1972 年，原国家体育运动委员会提出《关于试行〈体育锻炼标准〉的意见》参考文件，1973 年印发并讨论了《全国体育锻炼标准试行条例和项目标准（草案）》，1974 年印发了《关于下达中华人民共和国〈体育锻炼标准〉的通知》，要求各地试行，1975 年经国务院批准，原国家体委正式公布了《国家体育锻炼标准条例》，并在全国施行。

《国家体育锻炼标准条例》继承了《青少年体育锻炼标准》，其实施对象主要是在校学生与成年人。该标准按年龄和年级划分为儿童组、少年乙组、少年甲组、成年组，各年龄组锻炼与测验的项目均针对身体素质而设定，区分为速度、耐力、最大力量、上下肢爆发力、力量耐力五类，同类项目还设定了不同指标，实施时可以在同类指标之间相互替换，这也是首次在体育锻炼标准中试行“选测”制度。该标准测验成绩按照百分制评分，即五类项目测验得分之和为总分，用于评定青少年体育达标等级（及格、良好、优秀三个等级），这也是首次采用“量化评分”的方式评定在校学生的体育成绩。

伴随我国社会、经济的不断发展，从 1980 年开始，国家体委会同教育部等对《国家体育锻炼标准条例》中的项目设置、年龄分组、评定方法等进行了修订。1982 年，经国务院批准，国家体委公布施行《国家体育锻炼标准》。据统计，1979—1982 年，我国达到《国家体育锻炼标准》及格以上的人数是 1978 年的 8 倍。从 1987 年开始，国家体委会同国家教委等有关部门启动了修订工作。1989 年经国务院批准，国家体委于 1990 年公布施行《国家体育锻炼标准施行办法》，原《国家体育锻炼标准》废止。2003 年，国家体育总局又启动了新一轮对标准的修订，从此，《国家体育锻炼标准》在执行层面形成了两个“标准”，即《普通人群体育锻炼标准》（适用于 20 岁以上成年人）和《国家学生体质健康标准》（适用于 6~22 岁学生）。2011 年，为构建全民健身公共服务体系，激发广大人民群众参加体育锻炼的积极性和主动性，不断增强体育意识，提高全民族的身体素质，体育总局群体司、青少司和教育部体卫艺司再次联合启动了《国家体育锻炼标准》修订。2013 年 12 月 6 日，国家体育总局、教育部、全国总工会联合印发《国家体育锻炼标准施行办法》的通知，通知规定：“实施《锻炼标准》是一项基本体育制度，由有关部门负责，在国家机关、企业事业单位、学校、社区、乡村和有关组织中全面开展”；“鼓励和提倡公民在积极参加体育锻炼的基础上定期参加《锻炼标准》测验，争取达到标准并不断提高”；“教育部负责制定、实施学校学生体育锻炼标准和施行办法”。

总之，现行的《国家体育锻炼标准》源自20世纪50年代的“劳卫制”、60年代的《青少年体育锻炼标准》，以及80年代的《国家体育锻炼标准条例》和2000年的《普通人群体育锻炼标准》，期间，经历了1979年、1987年、2003年和2011年4次修订，使得《标准》在年龄分组、项目设置以及评分评级标准和奖励办法等方面日趋成熟，实现了我国体育锻炼标准的制度化、标准化和规范化，从此，《国家体育锻炼标准》成为鼓励和推动人民群众，特别是青少年积极参加体育锻炼，增强体质、促进健康的重要手段。

三、国家学生体质健康标准的发展

（一）学生体育合格标准

由于《国家体育锻炼标准》仅仅是一项鼓励和引导的标准，对在校学生并不具有强制性要求，教育部为加强学校体育工作，又先后颁发了《中学生体育合格标准试行办法》（1987年）、《大学生体育合格标准实施办法》（1990年）、《小学生体育合格标准实施办法》（1992年），实现了《国家体育锻炼标准》与学校体育工作的紧密结合，从此“体育合格标准”不仅成为国家体育锻炼标准在学校的具体体现，而且还成为学生毕业、升学、评“三好”等的必备条件之一，强化了体育锻炼的重要性。为此，教育部门在实施学生体育合格标准时，除了将标准测验得分作为考核内容外，还将体育课成绩、两操及课外体育活动情况作为综合评价学生体育成绩的重要内容，尤其是在大学生体育合格标准中还增加了身体形态、机能等测试，这就为之后《学生体质健康标准》的研制与出台提供了参考。

（二）《学生体质健康标准（试行方案）》

从教育部门的角度看，《国家体育锻炼标准》和《小学生体育合格标准》《中学生体育合格标准》《大学生体育合格标准》等多个标准同时在学校执行，不同标准设立的测试项目互相重复、计算复杂，使得体育教师每年的测试、评定和统计工作极为繁重；加之标准中的测试项目和评价指标侧重身体素质，对青少年健康相关的因素的评价重视不够。而随着社会发展与学生体质健康水平下降矛盾的加剧，青少年体育锻炼标准中的测验项目和锻炼内容难以解决青少年所面临的健康隐患。为此，教育部根据中央提出的“健康体魄是青少年为祖国和人民服务的基本前提，是中华民族旺盛生命力的体现”指示精神，联合国家体育总局组织专家联合研制了《学生体质健康标准（试行方案）》（以下简称“试行方案”），并于2002年7月联合下发了《关于印发〈学生体质健康标准（试行方案）〉及〈学生体质健康标准（试行方案）〉实施办法的通知》（教体艺〔2002〕12号）。

“试行方案”首次将对青少年健康评价的理念充实到指标体系中，增加了反映学生营养状况的指标（如采用身高标准体重评价营养状况）、身体机能指标（肺活量体重指数）等，改变了单纯依赖身体素质评价体育锻炼效果的状况。同时，还依据青少年生长发育规律和学校工作特点，采用“学段”将在校学生按照年级区分为6个学段，并据此调整了评价量表。此外，还首次建立了全国各地各校需将测试数据上报的管理机制等。所以，该方案的颁布实施，其目的就在于使学校和广大学生以及家长能够及时了解学生的体质健康水平，督促学生积极参加体育锻炼，上好体育课，养成良好的锻炼习惯，进而全面增进学生的体质健康水平。

自2002年在全国推行试行方案以来，各地各校取得了很多有效的经验，如，截至2005年年底，全国实施的学校（以上报数据为准）达到15073所，合计受测学生人数达到1360多万人，其中，京、沪、津、浙等地测试学生覆盖面已达10%以上。至此，该方案不仅初步实现了将青少年体育锻炼标准制度转化为促进学生体质健康发展、激励学生积极参加体育锻炼的教育手段，而且还建立将学生体质健康个体评价结果纳入学校体育工作的重要内容的管理体制。

（三）《国家学生体质健康标准》

2007年4月23日，中共中央政治局专门召开会议，研究加强青少年体育工作，强调要加强领导，齐抓共管，形成全社会支持青少年体育工作的合力。会议明确指出：“体育对青少年的思想品德、智力发育、审美素养的形成都有不可替代的重要作用”；“要高度重视青少年体育工作，使广大青少年锻炼和发展身体的各项素质和能力，成长为中国特色社会主义事业的合格建设者和接班人”；“学校要把增强学生体质作为教育的基本目标之一，把健康素质作为评价学生全面发展的重要指标，全面实施《国家学生体质健康标准》，切实抓好青少年学生体育工作的落实”。同年9月，教育部根据各地各校实施“试行方案”的情况和学校的反馈信息，会同国家体育总局、共青团中央，联合开展对试行方案的修订工作。

《国家学生体质健康标准》在“试行方案”的基础上，既保留了“试行方案”中应用范围广、简便易行且锻炼效果好的项目，如1000米跑、仰卧起坐、掷实心球等，还增加了部分评定身体机能与素质的指标，如坐位体前屈评价柔韧性、握力体重指数评价上肢力量、台阶试验评价心肺功能等。此外，还新增了部分学生喜闻乐见、易于测试的反映运动能力的指标，如篮球运球、足球颠球、排球垫球等。通过修订，既提高了对学生体质健康状况综合评价的效果，扩大了标准的辐射范围，又提高了对学生参加体育课、课外锻炼效果的过程评价。12 月，《学生体质健康标准》（试行方案）正式定名为《国家学生体质健康标准》，并在全国各级各类学校全面实施。伴随《国家学生体质健康标准》的出台与实施，一方面充分体现了教育、体育部门落实"健康第一"的决心；另一方面又强化了实施青少年体育锻炼标准对促进学生健康素质全面提高和激励学生主动、自觉、经常性地参加体育锻炼的作用，该标准是具有国家法学效力的学生体质健康监测、评价与指导体系。

（四）《国家学生体质健康标准（2014 年修订）》

《国家学生体质健康标准》（以下简称《国家标准》）自 2007 年实施以来，标准的试点和实施工作促进了学校体育工作的发展，但也逐步显现出一些问题，具体表现为：

第一，测试项目的"选测"将不同测试属性的指标归为同一类，混淆了指标的评价意义。如，小学五六年级的 50 米跑（25 米×2）、立定跳远、跳绳、篮球运球、足球颠球、排球垫球为一类。尽管在管理办法中要求在执行中每年由地市级教育行政部门、高等学校等"不能重复"，但执行效果不好。特别是"选测"项目过多，各地各校选择的评价指标差异较大，难以进行群体间比较。

第二，《国家标准》评分表中，100 分、90 分、75 分、60 分以及 10 分的实测成绩与《2010 年全国学生体质与健康调研报告》中百分位数值的对应关系不一致，需要调整两者的关系。又如，身体素质及格线标准（60 分）与《学生体育合格标准》（1992 年）相比，存在一定的差异。如高校 1000 米/800 米、引体向上等指标，《国家标准》均低于《大学生体育合格标准》（国家教委教体〔1990〕015 号）。

第三，测试方法不规范等，导致测试成绩的可信度较低。如，体育教师过度依赖"自动"测试器材，记录成绩时还存在"凭感觉"或"目测"等现象。

第四，测试器材的原理、型号差异较明显，质量不过关。如采用电子或智能型测试器材能有效降低工作量，但由于生产厂家对《国家标准》认识上的差异等，导致厂家在器材设计（如传感器的选择）、数据传输（IC 卡、有线、无线等）以及耐用性（如指脉夹）等标准不统一，导致测试数据的效度与信度明显下降。

第五，有部分学校实施《国家标准》的积极性不高，如部分学校未建立学生体质健康档案，没有将学生测试成绩与评价等级等作为毕业、评优等工作的依据等。又如，台阶指数是反映各种体育锻炼累积效益的，却成为部分学校组织学生进行体育锻炼的主要内容（部分学校专门组织进行跑台阶的训练）。

为促进学校体育工作与改革达到更高要求，2012 年《国务院办公厅转发教育部等部门关于进一步加强学校体育工作若干意见的通知》明确提出对现行《国家学生体质健康标准》（2007 年颁布）进行修订的任务。2013 年，教育部体卫艺司与国家体育总局青少司联合启动了新一轮的修订工作。同年 4 月，教育部委托北京体育大学牵头 17 所高校组建修订工作组，组织开展了《国家学生体质健康标准》修订工作。修订工作组在系统总结现行《国家学生体质健康标准》实施以来取得的成功经验以及存在的问题，依据青少年生长发育规律，参考“全国学生体质与健康调研”“全国学生体质与健康监测”“2013 年《国家学生体质健康标准》测试上报数据抽查复核”等工作获得的学生体质健康数据，先后历经联合实地调研、借鉴国际经验、实测样本、建立数据模型、分析测试数据、调整标准等级、鉴定研制成果等 10 多个技术环节，最终建立了基于 17 个省（区、市）的 13 万学生样本数据和测试常模。本次修订工作共测试 110 所小学、163 所中学、18 所大学的学生，动用了 300 人的专家和测试团队。

2014 年 7 月 7 日，教育部发布《关于印发〈国家学生体质健康标准（2014 年修订）〉的通知》（教体艺〔2014〕5 号），之后组织北京体育大学等单位编订印发了标准应用指南，录制了测试技术培训视频资源。7 月 8 日，教育部召开新闻发布会，向社会解读标准的修订背景、主要内容、政策要点和实施计划等。至此，《国家学生体质健康标准》修订工作全面结束。该标准的出台不仅提高了实施与应用过程中的信度、效度和区分度，而且还强化了其教育、激励、反馈、调整和引导锻炼的功能，提高了标准对教育监测和绩效评价的支撑能力。

综上所述，我国青少年体育锻炼标准制度从产生到逐渐发展成熟，历经 60 余年，期间先后颁布实施了青少年体育锻炼标准、国家体育锻炼标准、学生体质健康标准（试行方案），以及国家学生体质健康标准等。截至 2014 年，我国已经建立健全了青少年体育锻炼标准与相应的制度。

第三节　健全学生体质健康监测评价机制

2014年年底，教育、体育部门紧扣十八届三中全会精神，从认真落实教育规划纲要和国办“关于进一步加强学校体育工作若干意见”的有关要求出发，结合制约我国学校体育发展的瓶颈问题，将建立健全“青少年体质健康测试和公示制度”作为学校体育改革的突破口，将“促进围绕增强学生体质，促进学生健康”为目标，采用科技与政策相结合的有效措施，认真贯彻落实《国家学生体质健康标准》（2014年修订）（以下简称《国家标准》）。

一、《国家学生体质健康标准》（2014年修订）的新特征

（一）夯实了标准的技术体系

全国统一了评价指标。为了便于全国各地各校未来能够统一施测，取消“同类”指标的“选测”制度，设立全国统一的评价指标，避免了各地各校在实践中的“避重就轻”，消除了学生对测试“不公平”等认识，实现了测试结果的跨区域、跨年度、跨学校比较。如，取消“运动能力”，消除了将评价学校体育教学效果指标与反映身体素质指标相互混淆的影响，突出了新国家标准的评价目的是了解不同年级学生体质健康的基本水平，并通过检测与评价各年级学生体质健康状况来真正实现《国家标准》的激励、反馈和引导锻炼的功能。又如，根据全体在校学生均处在生长发育的关键时期，其身体形态、机能与素质的变化除了具有连续性与程序性特征以外，还具有鲜明的阶段性特点，新国家标准提出“共性”与“个性”评价指标的理念，充分体现了其科学性、连续性和阶段性。

规范了评定等级。为了便于测试成绩的应用，实现体质健康测试成绩与中考、高考和学生综合素质评价的对接，新国家标准进一步规范了评定等级。如，为有效地突出新国家标准的导向作用，对评分表中评价等级做了较大幅度的调整，对体测项目的“优秀”“良好”等级提出了更高要求，并降低了不同体测项目的“及格”标准等，其目的是进一步强调如果学生不自觉、积极地参加体育活动是很难达到“良好”水平以上，同时也通过降低及格线来保护广大学生参加体育活动的积极性。又如，修订了学生的学年总分，在新国家标准中提出了标准分与附加分的理念，即对部分体测成绩特别突出的学生，可以在标准分达到100分的基础上，根据实测成绩，对加分指标进行加分，满分为20分，进一步强化了体育精神就是要追求“更高、更快、更强”。

增强了标准的信度、效度。新标准在修订过程中，在全国范围内进行了大样本抽样与测试，覆盖了17个省、直辖市、自治区（含云南、新疆），共获有效样本135947名。其中，汉族小学生56551名，中学生56782名，大学生6314名；少数民族小学生7319名，中学生7996名，大学生985名。此外，在北京、上海、沈阳、武汉、广州5个城市获得2973名在校学习青少年运动员的测试数据，为制定“附加分”提供了支撑。同时，还采用电阻抗（BIA）测试技术同步获得了北京市在校大中小学生（8870名）体脂率、瘦体重等指标的原始数据，为制定、检验体重指数（BMI）评价等级提供了保障。随后，修标工作组还参阅《国家体育锻炼标准》《运动员技术等级标准》，部分省、自治区、直辖市“高中体育会考”评分标准，以及国际青少年体质健康评价标准等，根据现阶段我国学生体质健康的实际水平，采用百分位数、分段累进计分法等统计方法制定了单项和综合评分表。通过上述技术措施，大幅度提升了新国家标准的信度、效度和区分度。

（二）提高了标准的执行效率

2014年新标准在全国各地适用，上报学校数和学生数均达到历史最高。一定程度上说明了修订标准的易用性、科学性和可信度。2014年，新标准经过在全国范围内的实际测试检验，效果良好，得到地方教育部门、体育教育专家、学校施测人员的一致认可。据信息中心统计，全年上报学校22.86万所，上报率达到94.99%，比2013年（91.66%）增加3.33%；上报1.63亿学生的体质健康测试数据，比2013年多报300万人。上报学校数和学生数均达到历史最高。一定程度上说明了修订标准的易用性、科学性和可信度。

（三）强化了标准的导向作用

2014年4月，教育部出台了《学生体质健康监测评价办法》等文件，文件要求：新国家标准是促进学生体质健康发展、激励学生积极进行身体锻炼的教育手段，是国家学生发展核心素养体系和学业质量标准的重要组成部分，是学生体质健康的个体评价标准。同时，还要求各地各校与各级教育行政部门要组织学生参加新国家标准所确定的测试项目，要重点监测学生的身体形态、身体机能、身体素质等变化趋势，教育部及所属部门要动态公布学生体质健康状况等。

此外，教育部还要求将“学生体质健康监测评价工作”纳入本级政府教育督导内容和评估指标体系，并作为对各级各类学校进行评优、表彰的基本依据。对弄虚作假、徇私舞弊者，给予通报批评，情节严重者，依法给予行政处分；对积极开展监测评价工作且成绩显著的单位以及个人给予表彰奖励。

（四）完善了标准的监测制度

教育部为落实提高学生体质健康监测评价的制度化、规范化和科学化的目标，着力建立6项“学生体质健康监测基本制度”：

一是实行全体学生测试制度。新国家标准要求全国各级、各类学校每学年都要开展覆盖本校各年级全体学生的体质健康测评工作，并将测试数据（含学生基本情况、单项指标分值、测试成绩、评定等级以及实施测试的时间、地点、方式和人员等信息）进行汇总、整理，每学年按照规定的权限、程序和方法，上报至国家学生体质健康标准数据管理系统。对于因病或残疾学生可依申请准予暂缓或免于体质健康测试。

二是完善上报数据审查制度。新国家标准要求各省（自治区、直辖市）、各地区教育行政部门负责督促下级教育部门及所属学校全面开展测评工作和及时上报测试数据，并按照标准数据管理系统设置的用户管理权限，实行“三级”审核制度，按照学校、区县、地区、省的顺序逐级对测试上报数据的完整性、真实性和有效性进行审查，最后经省级教育部门核准后，才能确认提交。

三是建立数据抽查复核制度。教育部每年均在各地各校上报测试数据的基础上，综合考虑学校类型、学生性别、年级学段、区域布局等因素，随机抽取一定比例的学校作为抽样复核样本；并随机选派高等体育院校作为第三方机构，对测试上报数据进行现场抽查复核，并将现场抽查测试数据与学校上报测试数据进行一致性比对、综合分析，并将抽查复核结果反馈至各地方教育部门，监督各地方教育部门认真贯彻落实学生体质健康测试工作。

四是建立体质健康研判制度。新国家标准要求各级教育行政部门要通过监测、动态评价等措施来掌握本地区学生体质健康特征与变化趋势，及时分析测试结果，深度查找影响因素，科学预测变化趋势，并开展学生体质健康预警、学生体质健康改善或促进计划等研究工作，逐步提高学校体育工作的针对性、实效性和科学决策水平。

五是实行监测结果公示制度。新国家标准要求各地各级学校要按年级、班级、性别等在校内公示每一个学生体质健康测试结果，中小学校还要将结果及时反馈给家长。各级教育行政部门每年还要委托高等体育院校分析和发布本行政区域内中小学生体质健康监测评价基本情况，而且还要按照生源所在地公布高等学校新生入学体质健康测试结果，并及时反馈给生源所在地政府。

六是建立测试结果应用制度。新国家标准要求各地各级学校要统一制作《国家学生体质健康标准登记卡》，规范记录每一名学生的体质健康测试成绩及其评定等级。小学还要将体质健康测试情况列入学生成长记录或素质报告书，初中以上学校要列入学生档案，作为学生综合素质评价和学业水平考试的重要指标和内容。高等学校还要将体质健康测试情况作为高校学生评优评先、毕业考核或者升学的重要依据。同时，各级教育行政部门要将每年学生体质健康状况纳入评价学校教育质量和地方教育发展水平的指标体系中。

总之，2014 年是我国以提高学生体质健康为目标，统筹建设学校体育评价机制的第一年。教育部先后印发了《学生体质健康监测评价办法》、《中小学校体育工作评估办法》、《学校体育工作年度报告办法》、《高等学校体育工作基本标准》、"关于 2014 年《国家学生体质健康标准》（2014 年修订）测试和上报工作的通知"等，在上述文件中，均明确提出了新国家标准是"促进学生体质健康发展、激励学生参加身体锻炼的教育、评价和反馈手段"，"要面向全体学生"，且要"纳入教育现代化指标体系"，要"作为考试制度和改革的重要内容"，要委托第三方"实施数据抽查"，要对学生体质健康水平持续三年下降的地区和学校实行"一票否决"等具体措施。

需要强调的是，在印发的文件中，着重强调各地以新国家标准为依据，强化标准的导向性、教育性、评价性，在本行政区域内统筹开展面向全体学生的体质健康测试，逐步建立包括学校测试上报、部门逐级审查、随机抽查复核、动态分析预测、信息反馈公示、评价结果应用等相关制度和管理措施在内的学生体质健康监测评价工作体系。

二、实施取得的典型经验

为贯彻落实"健康第一"的指导思想，切实加强学校体育工作，促进学生积极参加体育锻炼，养成良好锻炼习惯，提高体质健康水平，从国家到地方再到学校都在学生体质健康监测评价方面做出了大胆的改革和创新，有了许多新举措，且部分省市学校的经验和做法还十分典型。

（一）科学监测，倒逼学校体育的改革

自《国家学生体质健康标准》颁布以来，各省市自治区领导高度重视工作规范与科学化建设。如，浙江省 2013 年起草《浙江省教育厅、浙江省体育局关于进一步加强学校体育工作的若干意见》，指导各地市编制了加强本区域学校体育的行动计划，全面实施《国家学生体质健康标准》，创新学生体质健康省级监测和公布制度，确保增强学生体质健康水平的各项工作能够落到实处。上海市着力提高学生体质健康测试数据的真实性、准确性、有效性，制定《实施中小学生〈标准〉监测工作方案》。并通过建设市级学生健康信息化公

共服务平台（“一生一档”系统），整合学生个人信息、健康体检信息和体质监测信息，建立以学籍卡为识别，贯通大中小幼各学段的“一生一档”系统。教育行政部门将通过“一生一档”系统随时掌握全市中小学生的健康状况，数据库的相关数据经由专家分析研究，为教育行政部门提供学生体质健康预警并提出相应的运动建议。

北京市朝阳区教委将学生体质健康工作列为朝阳教委“一把手”工程，成立了专项工作领导小组，由“两委一室”主要领导任组长，负责全面统筹协调，明确了各中小学校长既是学校体质健康工作的第一责任人，又是直接分管领导，以切实加强对学校体育工作的统筹和指导。河南省信阳职业技术学院自2004年就重视《国家学生体质健康标准》的实施工作，积极建设大学生体质健康测试中心，购置专业体质健康测试仪器，并把体育课堂教学与体质健康测试工作相结合，在体育课堂教学内容设置方面重视学生身体素质和运动技能的培养等。

（二）强化督评，提高标准的执行效益

自《国家学生体质健康标准》颁布以来，各省区市教育部门高度重视督查与执行效益的评价。如，北京市加强对学校体育工作的督导评估力度，修订《普通中小学全面实施素质教育评价指标体系》，将体育工作的评价权重由5%提高到20%。强化政府责任，将学生体质健康状况纳入区县政府考核评价。吉林省下发了有关学校食品安全、体质健康等14个评估细则并开展检查评估，要求各地、各校把学生体质健康工作作为教育等有关部门和领导干部业绩考核的一项重要内容，加强学生体质健康的绩效评估和行政问责，校长是第一责任人。天津市认真组织实施《国家标准》，建立测试、报告和定期公告制度，从2008年开始，教委已将学生“每天锻炼一小时”作为教育综合督导、体育专项督导、学校现代化建设达标评估的重要指标，定期进行督导、检查和评估。

宁夏六盘山高级中学结合《国家标准》和学生的实际，制定了《六盘山高级中学学生体质健康标准实施方案》，在学校的统一领导下，由教务处、体育教研组和班主任协同配合，共同实施，每学期根据学生体质发展实施相应的体育课程方案，学期末检查测试学生体质发展情况，将测试结果记入《学生成长记录册》和《学生体质健康标准登记册》，并对测试结果进行统计分析，作为学校调整体育课程方案的依据。

（三）建章立制，加大社会监督的力度

如何使《国家学生体质健康标准》体测结果准确、及时地反馈给学生？各省市自治区教育行政部门根据教育部总体要求及自身特点，制定出一系列相关规章制度。如浙江省从2007年开始，新增设了大一新生体质测试制度和向社会公布制度，要求各市、县体质健康测试及数据向社会公布。2013年起，进一步加大监测结果的公布力度，以回溯生源初中、小学的机制，落实市县公布高一、初一新生学生体质健康监测和公布制度，全面构建了市、区县、学校三级学生体质健康监测工作网络和公布制度。海南省印发了《关于做好2009年〈国家学生体质健康标准〉测试数据上报工作的通知》(琼教体〔2009〕29号)、《关于2010年〈国家学生体质健康标准〉测试数据报送工作有关要求的通知》(琼教体〔2010〕66号）等一系列文件，各市县、各学校分别结合实际制订本地区和学校《国家标准》数据报送工作实施方案和相关管理办法，做到层层有人管，层层抓落实，确保《国家标准》测试数据报送和结果公示工作落到实处。青海省建立青少年体质健康专项督导制度，定期开展以落实学生每天一小时体育活动时间和实施《国家标准》为重点的专项督导，实行督导结果公告制度，定期向社会通报公布学生体质健康状况。广东省建立督查、巡视制度，实施全程监测，测试结束后组织进行省、市两级抽测，省级抽测在全省范围内展开，各地市负责本市的抽测工作，并将抽测情况和对比结果以书面形式向省教育厅汇报。从2009年开始，每年公布《广东省学生体质健康蓝皮书》，主动接受社会各界和家长的监督，积极发挥学校、社会、家长的联动作用。

（四）措施得力，遏制学生体质下滑

在实施《国家学生体质健康标准》过程中，各级教育行政部门采用多种举措，齐抓共管，较好地遏制了学生体质的下滑。如，郑州市采用多种举措，在2005—2012年促使郑州市中小学生肺活量出现止跌企稳趋势，身体素质指标（如速度、力量、耐力、柔韧等）在绝大多数年龄组呈现上升趋势。甘肃省通过夯实基础，促使中小学生身体素质下滑的趋势初步得到遏制，学生肺活量水平出现上升拐点，7~18岁中小学生下肢爆发力、速度和耐力等指标持续下滑的局面得到遏制。青海省以学生体质技能展示为活动平台有效提高了学生体质健康水平，通过举办首届“青海青”杯大中学生体质技能展示大会，创新体育竞赛活动，有效地促进了学生体质健康水平的提高。

吉林省自2012年10月以来，3次对全省中小学生体质健康状况进行了调研，下发了《吉林省教育厅关于切实加强全省学生体质健康工作的意见》(吉教办字〔2014〕33号文件)，重申了切实加强全省体质健康的意见和要求，要做到“十保证”。“对因‘十保证’工作落实不到位而导致学生体质健康水平改善不明显、合格率为85%以下且问题突出的学校校长将由当地教育局给予处分甚至免职处理，并逐级上报上一级教育行政部门备案并通报，单位评优‘一票否决’”。北京市朝阳区深入研判学生的体质“学情”，以监测为依据调整课间操、课后体育和体育课的项目与方式，有针对性地开展体育教学和活动，提高学生体质，获得了一定成效。湖北省2010—2011年的调研结果显示，学生的体质健康状况与2005年相比，总体有所改善。特别是肺活量水平出现止降和部分回升趋势，耐力素质显现止“跌”，肥胖检出率明显好转等趋势。上述工作实践充分证明，只要措施得当，多年困扰我国青少年体质健康下降的问题必然得到有效解决。

综上所述，我国青少年体育锻炼标准制度的演变和发展，是与我国不同时期社会、经济、科技、文化和教育的发展水平相适应的，是与全国提高青少年体质健康素质、满足国家对受教育者的全面发展和培养人才战略的基本要求相一致的。教育、体育行政部门为贯彻落实“健康第一”的指导思想，通过强化目标管理，制订精确的《国家学生体质健康标准》等措施，为未来全面加强学校体育工作，促进学生积极参加体育锻炼，养成良好锻炼习惯，提高体质健康水平奠定了坚实的基础。可以预见，在不久的将来，我国青少年将以阳光、健康、活泼、睿智的形象屹立在世界的东方。

第二章　学生体质与健康调研（监测）工作体系

青少年时期是身心健康发展的关键时期，青少年体质健康状况不仅关系到个人的健康成长，而且关系到整个民族综合素质的发展与人才质量。中华人民共和国成立以来，我国政府十分关心广大青少年的体质健康状况，高度重视青少年体质与健康调研（监测）工作体系与制度的建设。

我国青少年体质与健康调研（监测）工作体系的建立始于一项由原国家体育运动委员会、教育部、卫生部组织实施的1979年“中国青少年儿童（7~25岁汉族学生）身体形态、机能与素质”的调研工作。该调研成果引起政府与学术界高度重视，带动了我国体质研究与青少年体质健康调研（监测）工作体系与制度的建立，随后，1985年由原国家教委牵头，会同原国家体育运动委员会、卫生部、国家民族事务委员会等部委联合启动了我国首次“中国学生体质与健康调研工作”。1996年，科技部首次支持体育界启动了“九五”国家科技攻关计划课题“中国国民体质监测系统的研究”，其中，中国学生体质与健康调研工作正式成为国民体质监测工作体系的重要组成部分。2000年，教育部、国家体育总局会同10个部委局，启动了我国首次国民体质监测工作，至此，我国青少年体质与健康调研（监测）工作体系走上了系统、科学发展的道路。

第一节　学生体质与健康调研（监测）的意义

自1979年至今，我国开展青少年体质与健康调研（监测）30余年的工作实践证明，学生体质与健康状况的资料不仅在教育（如学校体育、卫生、青少年体育锻炼制度等）、体育（如运动员科学选材、国民体质评价等）、卫生（如儿童肥胖等青少年常见疾病防控等）发挥着政策引导的作用，而且对国防（如征兵体检等）、公共卫生监督（如学校卫生标准）、工商业（如青少年服装制作标准等）等也正在发挥不可估量的作用。结合当前我国建立的青少年体质与健康调研（监测）工作体系，其主要意义体现在以下两个方面。

一、为制订促进“青少年体质健康提升计划”提供依据

青少年体质与健康调研（监测）工作是保障学生身心健康、体魄强健的基础性科研工作，此项工作不仅可以科学、准确地了解我国青少年体质健康状况特征和动态变化规律，而且还能够及时发现青少年体质健康中存在的主要问题与原因，为各级政府制定与青少年相关的政策提供科学依据。正如，2011年3月，教育部副部长郝平同志在《全民健身计划（2011—2015年）》电视电话会议上指出，“要做好学生体质监测工作”，“把健康素质作为评价学生全面健康发展的重要指标”，“要通过5年左右的时间，使我国青少年普遍达到国家体质健康的基本要求，耐力、力量、速度等体能素质明显提高，营养不良、肥胖和近视的发生率明显下降”。

二、为学校体育卫生工作的制度化建设提供依据

1990年3月和4月，由原国家教育委员会牵头，联合原国家体育运动委员会、卫生部联合发布了我国首部《学校体育工作条例》《学校卫生工作条例》，这两个条例的颁布实施除了与我国改革开放之初，学校体育卫生工作面临的各种矛盾和问题亟待需要从法律、法规层面上解决外，有一个重要的契机就是1985年全国学生体质与健康调研工作，如调研数据显示，许多农村和部分城市学生存在严重的营养不良现象，“豆芽菜”体型的孩子比比皆是。随后，历次体质与健康调研工作均发现了我国青少年体质健康存在身体素质下降等突出问题，这就逐渐形成了全社会关注青少年体质健康，支持学校体育卫生工作的氛围。

1985—2005年，历次全国青少年体质与健康调研结果数据，不仅为两个条例制订的部分条款起到了积极参考价值，而且还带动了我国政府出台了一系列政策、措施，如2006年12月，陈至立同志提议召开了1949年以来的第一次全国学校体育大会，同年4月，中共中央政治局专题讨论青少年体育与体质问题。2007年4月29日，举行了全国亿万学生阳光体育运动启动仪式，5月7日，中共中央国务院下发《关于加强青少年体育、增强青少年体质的意见》。由此，我国建立的青少年体质与健康调研（监测）工作体系，推动了学校体育卫生工作决策的科学化进程。

第二节　学生体质与健康调研（监测）工作体系的发展

一、初创阶段

《中华人民共和国宪法》规定："国家发展体育事业，开展群众性的体育活动，增强人民体质"，"国家培养青年、少年、儿童在品德、智力、体质等方面全面发展"。要采取切实可行的措施增强学生体质健康状况，必须有一个先决条件，那就是对各年龄学生的体质健康现状、存在问题和发展趋势有一个基本的了解。然而，我国在改革开放之前仅有部分学者针对沈阳市（1953年）、北京市（1966年）等部分城市学龄前儿童、中小学生身体形态、机能生长发育进行调查，从未进行过有关学生体质健康状况的全国性调研工作，政府对全国青少年身体发育、存在问题和健康需求等一无所知，这与当时我国改革开放的政策极其不协调。

1979年，正值我国改革开放初期，国家百废待兴。我国青少年体质健康达到了什么水平？有何特点？体质发展有何规律？今后发展趋势如何？青少年体质健康评价标准是什么？都是当时广大体育、教育和卫生工作者十分关心的问题。为此，为有效地了解我国青少年体质健康状况，科学、有针对性地开展学校体育教学、青少年运动员选拔与业余训练等工作。由原国家体育运动委员会、教育部及卫生部联合实施了"中国青少年儿童（7~25岁汉族学生）身体形态、机能与素质"的调研工作，调研涉及北京、天津、山西、辽宁、黑龙江、上海、安徽、福建、山东、湖北、湖南、广东、四川、云南、陕西和甘肃16个直辖市和省会城市。依据随机抽样原则，按照统一的测试方案共调研了1210所大、中、小学校，测试了包括身体形态（身高、坐高、体重、胸围、上臂紧张围、上臂放松围、上肢长、手长、肩宽、盆宽、小腿长、加足高、足长、大腿围、小腿围）、身体机能（脉搏、血压、肺活量）与身体素质（1分钟仰卧起坐、60米跑、屈臂悬垂、立定跳远、50米×8往返跑）等23项指标，获得有效样本183414人。

此项工作填补了我国缺乏青少年体质基础数据的现状，基本摸清了我国汉族学生身体形态、机能与素质发展的基本规律、特点等，而且还首次研制了我国青少年生长发育、身体机能与素质的评价标准，公布了我国青少年血压、脉搏、肺活量等正常值范围。总之，这项大规模、多指标、多学科的综合研究成果不仅对我国学校教育、卫生保健、体育教学、运动员选材等工作提供了有价值的参考，而且也揭开了我国体质研究的序幕。

1980 年 10 月，在安徽省芜湖市召开了我国有史以来的第一次全国体质研究学术论文报告会。随后，中国体育科学学会体质研究分会成立，其编写的《实用体质学》对“体质”的内涵与外延做了规定，即体质反映人体质量的高低，它是人体在先天的遗传性与后天的获得性基础上所表现出来的形态结构、生理功能、心理因素、身体素质、运动能力等方面综合的、相对稳定的特征。包括以下五个方面内容。

第一，身体形态发育水平。即体格、体型、姿势、营养状况以及身体成分等。第二，人体生理功能水平。即机体新陈代谢水平与各器官系统达到工作效能。第三，身体素质和运动能力发展水平。即速度、力量、弹跳、灵敏、协调、柔韧、耐力等素质，以及走、跑、跳、投、攀、爬、负重等身体活动能力。第四，心理素质发展水平。即人体本体感知能力、个性特征、意志品质等。第五，对内外环境的适应能力。即对不利因素和环境变化影响的应激调节能力和对各种疾病的抵抗能力。

这一理论体系的形成对我国青少年体质与健康调研（监测）工作体系的形成，以及后期国民体质监测系统工作体系的形成产生了深远影响。

二、制度化建设

继 1979 年后，对青少年体质研究越来越受到政府、学校和社会的广泛重视。诸如我国大中小学生体质与健康状况、发展变化特征，少数民族学生的体质与健康状况如何，以及怎样尽快使对学生体质与健康的调研向“制度化”和“规范化”转化等问题，成为当时广大教育、体育、卫生和民族工作者十分关心的问题。

1985 年，原国家教委、国家体育运动委员会、卫生部、国家民族事务委员会等共同组织了 1949 年以来第一次全国性、多民族的学生体质与健康调研，调研涉及北京、天津、河北、山西、内蒙古、辽宁、吉林、黑龙江、上海、江苏、浙江、安徽、福建、江西、山东、河南、湖北、湖南、广东、广西、四川、贵州、云南、西藏、陕西、甘肃、青海、宁夏、新疆共 29 个省、自治区和直辖市。此项工作共调查了 2188 所大、中、小学校，获得有效样本 984872 人。调研对象涉及 7~22 岁汉族学生和 14 个省、自治区中人口在 10 万以上的蒙古族、回族、藏族、维吾尔族、苗族、彝族、壮族、布依族、朝鲜族、侗族、瑶族、白族、土家族、哈尼族、哈萨克族、傣族、黎族、傈僳族、佤族、畲族、拉祜族、东乡族、纳西族、柯尔克孜族、土族、羌族、撒拉族 27 个少数民族。调研指标除了保留身体形态、机能与素质指标外，还首次增加了健康指标（如视力、龋齿、沙眼、心脏、肺、肝脾、神经衰弱、脊柱侧弯等），从此，我国青少年体质调研正式转化为中国学生体质与健康调研工作，其制定的调研方案、工作流程以及质量监控体系至今依然指导着现行的国民体质监测工作。

1985 年调研工作的成功完成，加快了该项工作的经常化、制度化建设的步伐。1987 年，经国务院批准，在原国家教委等 6 部委联合下发的《关于中国学生体质、健康状况调查研究结果和加强学校体育卫生工作的意见》中，明确提出了建立定期开展学生体质与健康调研（监测）的制度，各省（自治区、直辖市）按经济状况划分为好、中、差三类区片，在各类区片中抽取相应学校作为调研点校，每 5 年开展一次全国学生体质与健康调研工作。

需要进一步说明的是，1985 年调研工作还根据我国体质理论对各个技术环节进行了规范。如，根据“体质”定义、指标的可测性等因素，对调研（监测）指标实施标准化规范，体现为身体形态指标既考虑纵向生长指标，也考虑横向生长指标，分别选择身高、坐高、胸围、肩宽和盆宽为典型指标；身体机能指标主要选择反映心肺功能的脉搏、血压和肺活量；身体素质指标分别选择代表速度、力量、耐力、柔韧性的 50 米跑、立定跳远、引体向上、斜身引体向上、仰卧起坐、1000 米跑、800 米跑、50 米×8 往返跑、立位体前屈等指标。总之，通过此项工作，我国政府首次全面掌握了各民族青少年生长发育与体质现状，初步摸清了我国各民族青少年常见病和多发病的患病情况，以及年龄、性别、城乡、地区和民族之间的特点。特别是建立了动态观测我国青少年体质与健康状况的调研（监测）工作体系，这为 2000 年启动全年龄段国民体质监测工作提供了科技支撑。

三、监测工作常态化

1990—2019 年，教育部、国家体育总局已经联合开展了 7 次全国性的学生体质与健康调研（监测）工作。

1990 年，本该开展的新一轮全国学生体质与健康调研工作，因调研经费未能及时到位等原因，延至 1991 年才得以开展。1991 年全国学生体质与健康监测与 1985 年调研工作有所不同，第一个明显差别就是采用“监测”代替“调研”，即指标的确定以开展经常性监测为出发点，既考虑指标在体质发展变化中的意义，又考虑其监测工作的长期性，力求以最少、最简单的指标反映学生的体质健康状况。在上述原则的指导下，1991 年的工作较多地精简了健康指标（如沙眼、心脏、肺、肝脾、神经衰弱、脊柱侧弯等），增加了血红蛋白、月经初潮（女）、首次遗精（男）和粪蛔虫卵检查，最终形成了包括身高、体重、胸围、肩宽、骨盆宽、脉搏、收缩压、舒张压（变音）、舒张压（消音）、肺活量、月经初潮（女）、首次遗精（男）、50 米跑、立定跳远、引体向上、斜身引体、仰卧起坐、1000 米跑、800 米跑、50 米×8 往返跑、立位体前屈、儿（内）科体检、视力、龋齿、血红蛋白、粪蛔虫卵等 27 项的监测指标体系。1991 年监测工作覆盖全国 30 个省、市、自治区（包括 16 个少数民族），检测人数达 27 万。

与 1985 年调研工作不同的第二个鲜明特征就是建立了“蓝皮书”制度，即从 1991 年开始，每次调研的公报、数据、部分研究报告都汇编成册，采用统一的蓝色封面出版，以表明建立的调研（监测）工作体系是政府行为，其公报是代表政府发布我国青少年体质健康状况。

1995 年，国家教委、国家体育运动委员会、卫生部、国家民委、国家科委再次共同领导，进行了我国 20 世纪最后一次全国性、多民族的较大规模学生体质与健康调研。由于 1991 年监测指标体系获得广大学者和基层工作者的广泛认可，1995 年的体质调研基本沿用了 1991 年的体质监测指标体系，并确认将该指标体系作为学生体质监测的指标体系。总之，通过 1985—1995 年的 3 次全国范围的青少年体质与健康调研工作，进一步拓展与夯实了我国跨部门、跨行业多学科联合开展的我国学生体质与健康调研（监测）工作体系。

1996 年，是国务院颁布《全民健身计划纲要》的第二年，该纲要明确指出：国家“实施体质监测制度，制定体质测定标准，定期公布国民体质状况”。在科技部支持下，国家体育总局联合教育部启动了由北京体育大学牵头的专家组，联合国内 10 余家科研单位共同承担了“九五”国家科技攻关计划课题“中国国民体质监测系统的研究”。作为体育科技界独立承担的第一个国家科技攻关计划课题，专家组本着继承与发展的理念，重点针对在我国实施国民体质监测工作的必要性、可行性、技术方案等展开了调查与实证研究，首次在中国青少年体质与健康调研（监测）工作体系的基础上，将监测人群拓展到幼儿、成年人与老年人，最终形成了具有中国特色的中国国民体质监测工作系统，初步实现了政府倡导的“服务于民”的执政理念。总之，国家体育总局积极探索，共同奋斗，与各级教育部门、科研单位合作，促使我国的体质研究从无到有，逐步形成了一整套具有中国特色的国民体质监测理论和工作体系。

2000 年是我国开展“国民体质监测工作”的元年，也是我国第 5 次开展青少年体质与健康调研工作。2002 年，国家体育总局出台的《国民体质监测工作规定》中明确指出：国民体质监测是指国家为了系统掌握国民体质状况，以抽样调查的方式，按照国家颁布的国民体质监测指标，在全国范围内定期对监测对象统一进行测试和对监测数据进行分析、研究。同时，还规定了“国民体质监测对象为 3~69 周岁的中国公民。按年龄分为幼儿、儿童青少年（学生）、成年和老年四组人群”，“每 5 年为一个周期”，制度性的开展国民体质监测工作，定期向社会公布监测结果，为国家制定社会发展规划和科学指导国民进行健身活动提供依据。

2009 年，国务院颁布实施了《全民健身条例》（国务院令第 560 号），再次强调了“国家定期开展公民体质监测”，“公民体质监测由国务院体育主管部门会同有关部门组织实施；其中，对学生的体质监测由国务院教育主管部门组织实施”。2012 年，国务院办公厅（国办发〔2012〕53 号）印发教育部等部门《关于进一步加强学校体育工作的若干意见》，要求充分认识加强学校体育的重要性、明确加强学校体育的总体思路和主要目标、落实加强学校体育的重点任务、建立健全学校体育的监测评价机制、加强对学校体育的组织领导。2016 年，《关于强化学校体育促进学生身心健康全面发展的意见》（国办发〔2016〕27 号）强调，到 2020 年，体育教学质量明显提高，学生体育锻炼习惯基本养成，运动技能和体质健康水平明显提升，规则意识、合作精神和意志品质显著增强，基本形成体系健全、制度完善、充满活力、注重实效的中国特色学校体育发展格局。

第二篇

学生体质测试中心建设与管理

第三章　学生体质健康测试中心定位

第一节　建立学生体质健康测试中心的意义

一、政策执行层面的意义

从中共中央、国务院《关于加强青少年体育增强青少年体质的意见》的颁布实施，到《国家学生体质健康标准》（2014 年修订）和《学生体质健康监测评价办法》文件的执行，充分说明了国家对学生体质健康的重视。学校建立学生体质健康测试中心就是执行国家战略和政策的具体措施，对学生体质健康测试工作的执行和开展而言具有长远的影响和现实意义。

二、学生体质健康评价方面的意义

学生体质健康评价是学校体育工作中的重要环节，也是学校教育评价体系中的重要组成部分。学生体质健康测试中心的建立，为贯彻“学校教育要树立健康第一的指导思想，切实加强体育工作”精神，让学生体质健康测试中心成为学生体质健康的评价、监测和运动处方开具中心，促进学生积极参加体育锻炼，养成经常锻炼身体的习惯，提高自我保健能力和体质健康水平，具有重要现实意义和长远社会意义。

第二节　学生体质健康测试中心建设目标

一、总体目标

通过学生体质健康测试中心的建立，设置符合学校实际情况和学生体质健康测试工作要求的简便易行、布局合理、设备齐全、操作规范的体质健康测试场所。保障学生体质健康测试项目的规范性、可靠性、有效性、客观性、可操作性、有序性等，并将所测数据及时便捷地上报国家数据统计汇总部门和上级单位。在实践中证明了它的合理性和可操作性，在运行中得到各方认可和肯定，使学生体质健康测试工作更上一层楼。

二、具体目标

（一）场地合理

根据国家测试要求和学生规模以及学生体质健康测试项目选择测试中心（室）的位置面积、层高和地面面层、灯光等；并根据学生体质特点设置测试项目的顺序，依次摆放测试仪器和设备，并合理配备相应的工作人员。也可根据学生实际情况设置体测中心区域，并分为固定场所、临时延拓场所以及室外项目场所。总之以能满足测试工作要求和符合实际情况为准绳。

（二）管理完善

设置规范化、标准化的管理制度，包括管理制度、岗位职责、财务制度和仪器操作规范等各项规章制度。所有工作都纳入有效制度之下，使学生体质健康测试中心职责清晰、岗位明确、流程合理。

（三）测试规范

合理安排学生进行体质健康测试，兼顾室内外项目和各类学生。使学生事前明了体质健康测试项目顺序和注意事项、准备要素等，使工作人员能及时便捷地按规范操作、上报数据。相关应急事项的处理有预案或备案。

第三节　学生体质健康测试中心的定位与成立依据

一、学生体质健康测试中心功能定位

学生体质健康测试中心是为了贯彻落实健康第一的指导思想，切实加强学校体育工作，促进学生积极参加体育锻炼，养成良好的锻炼习惯，提高体质健康水平；是《国家学生体质健康标准》（2014 年修订）及相关政策文件在学校的具体实施；是国家对学生体质健康方面的基本要求，适用于全日制小学、初中、普通高中、中等职业学校和普通高等学校的在校学生。

测试项目涵盖了人体形态、机能、身体素质和运动能力等多个方面。从学生的年龄特点以及场地、器材、费用、时间等考虑，各年级学生的测试项目分为必测类项目和选测类项目。

二、学生体质健康测试中心职能定位

每年一次的体质健康测试是学校的重要工作之一，其具体实施可根据各学校不同情况由各教学职能部门协调成立，由学校体育部门具体实施，校教务处、校医院、学生处等单位配合执行。该中心主要承担以下四方面的职能。

（一）计划职能

学生体质健康测试中心的计划职能是首要职能。通过预测，正确地确立本学年学校测试决策的目标，然后对整个测试工作目标进行分解，计算并筹划测试工作需要的人力、财力和物力，拟定测试项目实施步骤、方法和制定相应的策略、政策等。测试计划原则上包括确立测试目标、对达标率进行预测、拟定测试方案、测试方案的选定、制定全校测试计划、确定测试所需的预算和工作量等。

（二）组织职能

组织职能是体质测试中心的主要职能之一。测试组织工作的成功是保证学校达到测试目标的实现和测试计划的有效执行的前提。它包括两个方面：一是组织结构和表现形式，多数学校成立由校领导直接监管的学生体质健康测试中心，责任到人，做到监管有力；二是组织实施，即把人、财、物、时间、信息等资源进行有效的配置，协调安排测试学生的测试工作、合理安排补测时间、监管免测学生资格，达到学生100%的测试率的目标，圆满完成年度学生体质健康测试工作。

（三）协调职能

学生体质健康测试中心成立的核心意义就在于协调学校各部门之间的配合工作，并保证测试人员合理运用各种条件，顺利而有效地实现高标准的测试流程。

三、学生体质健康测试中心发展定位

（1）以学生体质健康测试中心建设为依托，进一步推动学校体育课程改革，促进学生运动能力和自我锻炼能力培养，让学生拥有健康体魄。为学校培养更多更好更健康的应用型人才提供有力支撑。

（2）围绕学科建设及创新平台建设，在做好体质测试各项目数据采集的同时，重点做好后期的数据反馈与运动处方、体育保健与康复以及健身指导等方面的工作。

（3）对学生体质健康测试中心已有的条件进行改造，服务于体育教学和全校教职员工，满足《国家标准》的测试要求，将测试中心建设成为实验教学示范中心，满足学生体质健康测试数据采集和社会服务的需要。

（4）依托体质测试中心建立学生体质健康状况预警机制，为学生主管部门制订学生锻炼计划和集体体育活动提供有效支撑。

四、成立学生体质健康测试中心的依据

学生体质健康测试中心的建立，是全面贯彻落实国家政策及相关部委文件的具体执行措施和方案。主要政策文件依据有：

（1）《中共中央国务院关于加强青少年体育增强青少年体质的意见》（中发〔2007〕7号）

（2）《国家中长期教育改革和发展规划纲要（2010—2020年）》（2010年6月21日）

（3）《国务院办公厅转发教育部等部门关于进一步加强学校体育工作若干意见的通知》（国办发〔2012〕53号）

（4）《国务院办公厅关于强化学校体育促进学生身心健康全面发展的意见》（国办发〔2016〕27号）

（5）《教育部关于印发〈国家学生体质健康标准（2014年修订）〉的通知》（教体艺〔2014〕5号）

（6）《教育部关于印发〈学生体质健康监测评价办法〉等三个文件的通知》（教体艺〔2014〕3号）

第四章　学生体质健康测试中心建设规划

第一节　学生体质健康测试中心建设要求

一、明确学生体质健康测试中心宗旨

学生体质健康测试中心是在学校领导下，建立以《国家学生体质健康标准》测试数据、学生体质健康数据、学生体质健康调研（监测）数据，以年度为单位建立各级学生体质健康相关数据为主的学生体质健康大数据库。对在校学生体质健康状况进行监测、分析，并对有效的指导手段进行研究，为学校体育、卫生工作开展及政策制定提供数据支撑和科学依据。

二、树立正确的指导思想

学生体质健康测试中心的建立，是全面贯彻落实“健康第一”的指导思想，具体执行《国家学生体质健康标准》的落地举措和实际行动。通过体质测试，可以使学生清楚地了解自己体质健康状况和体质健康变化情况。这些都有助于学生在新的一年里有的放矢地设定自己的锻炼目标，有针对性地选择锻炼策略，制订切实可行的锻炼计划；促进学生体质健康发展，激励学生积极进行身体锻炼；使学生和社会能够对影响身体健康的主要因素有一个更加明确的认识和理解，引导人们去积极追求身体的健康状态，实现学校体育的目标。

通过学生健康测试数据的上报，使国家及时了解和掌握我国学生（全日制小学、初中、普通高中、中等职业学校和普通高等学校的在校学生）体质健康状况和变化趋势，以便制定出针对性的指导措施和方案，提升和改善广大学生的体质健康水平。

三、确定学生体质健康测试中心工作任务

学生体质健康测试中心工作任务为：拟订每年大学生《国家学生体质健

康标准》测试计划，并负责实施；建立大学生体质与健康的档案资料库及管理体系，并且负责分析、研究、评估本校大学生的体质与健康状况，及时反馈和报告大学生的体质与健康发展和变化情况；组织相关测试人员的培训；大学生体质健康测试工作的组织和实施；仪器管理、维护与保养、测试软件的使用及全校新、老学生基本信息的录入和管理；成绩评定和各项成绩的汇总、统计、报表、打印学生测试成绩单、归档工作；协调各职能部门之间的工作，确保测试中心工作顺利、及时、有效地进行；对《体质健康标准测试》及校园体育文化知识进行宣传教育工作；将体质健康测试结果上报国家数据库；每学年组织对《国家标准》实施结果进行专题研讨，并进行认真总结，提出合理化建议；对学生健康状况和身体锻炼进行指导，使学生清楚地了解自己体质与健康状况，帮助学生监测自己的体质与健康状况的变化程度，指导学生有的放矢地设定自己的锻炼目标，有针对性地选择锻炼策略，制订切实可行的锻炼计划，并帮学生制订运动处方。

四、充分发挥学生体质健康测试中心的作用

（1）建立全面的融合测试、管理、科研于一体的健康服务平台，针对学生体质健康，通过多种渠道、方式进行深入研究，结合实际提出切实可行的解决方案，全面提升在校学生的体质健康水平。

（2）促进和保证体育课教学，以及对早操、课间操和课外活动的开展起重要的促进作用。

（3）有利于学生按照要求参加体育锻炼，促进学生身体素质的发展和自觉参加体育活动行为习惯的养成。

（4）通过这些标准的测试和评价，有效地促进了学校体育工作的展开，对于学校体育评价发挥了重要的作用，是学校体育总体评价的重要内容。

（5）深入研究了解《国家学生体质健康标准》执行中新的情况、新的问题，推动我国学生体质健康测量与评价制度的演变和发展。

第二节　学生体质健康测试中心建设流程

一、筹备申报阶段

（一）项目建议书

一般情况下，学生体质健康测试中心建设是由体质健康测试执行的主体单

位——学校体育部门牵头负责，该部门也被确定为项目筹建单位（或项目负责人）。

项目筹建单位（或项目负责人）要根据国家政策文件精神和要求，结合学校发展规划、目标和布局以及相关具体情况，就具体新建（扩建）学生体质健康中心，拟定学生体质健康测试中心项目建议文件，对拟建学生体质健康测试中心项目提出框架性的总体设想。从宏观上论述学生体质健康测试中心项目设立的必要性和可能性，把学生体质健康测试中心项目设想变为概略的建议。然后，将《学生体质健康测试中心项目建议书》呈报给项目审批机关，作出初步决策。决策者可以在对《学生体质健康测试中心项目建议书》中的内容进行综合评估后，做出批准与否的决定。

（二）可行性研究

可行性研究是在《学生体质健康测试中心项目建议书》被批准后，所要实施的步骤。主要包括以下几个方面：

（1）调查调研：包括收集资料、现场考察等，就是充分利用资源，借鉴他人做法，规避项目今后有可能发生的问题。

（2）综合评价：主要对技术、需求、经费三个大的方面数据进行评估。深入进行项目建设方案设计，具体包括对建设规模、设备产品、选址、流程、材料、环境等，以及项目的组织机构、人力资源配置、项目进度计划、所需资金估算、社会评价等进行综合评价。

（3）形成报告：形成可行性研究报告要体现专业性、科学性、时效性，可用于代替项目建议书、项目申请报告、资金申请报告。

二、建设实施阶段

学生体质健康测试中心建设项目，须依据《项目可行性报告》核准的工作进度计划和步骤进行组织实施。

（一）选址与功能区

主要考虑三个方面的因素：一是安全因素；二是在校参加测试学生数量；三是测试项目内容和要求。建议考虑测试中心按项目划分功能区：仪器测试区（固定区，最佳位置应靠近室外体育场）、室内测试区（非固定区，最好安排在体育馆）、室外测试区（一般是田径场），这样有利于在每年一度的大规模体质测试中，确保人员的有序流动，提升测试效率，杜绝安全隐患，保证测试中心在使用过程中能做到严谨科学、规范高效。

（二）仪器与数据上报

1. 仪器设备（硬件部分）

（1）测试设备采购数量应根据学校测试人数和具体条件确定。

（2）仪器设备须是教育部指定厂家生产的产品（保证上报数据端口的兼容性）。

（3）摆放要合理，满足在校学生体质测试工作需要。摆放距离间隔 4～6m，确保每个测试点可容纳一排 20 人左右。测试项目可根据实际情况调整，但测试仪器保证每个项目至少一台，测试占用时间较长的项目可适当增加测试仪器。

（4）仪器设备须实现现场学生体质测试数据实时采集。

（5）提供终端成绩查询机，现场测试学生可实时查询测试成绩。

2. 数据应用（软件部分）

（1）统计分析。系统自动针对学校成绩进行评分、评级，评分评级符合《国家学生体质健康标准（2014 年修订版）》的有关规定，并形成各类统计分析报表，同时，管理员可按需求选择测试学期、测试项目和任意设置成绩段，生成体质健康分析图表。

（2）数据应用。历年数据可查可溯，比较分析、体育教育质量检验有依据，体育教育开展决策更科学。通过统计分析详细数据，资料以系统和科学管理为依据，从根本上改善了传统体育教学的弊端，进而满足高校体育教学改革的要求。

（3）信息反馈。学生可通过 PC 端电脑或移动端手机 APP 进行查询测试成绩、单项与综合评价指标、健康建议、运动处方，以及运动锻炼教程等。

三、测试调试阶段

当项目主体及配套相继竣工时，应根据设计能力及时进行运行和调试。反复调试后使之达到相关工作要求，再进行检查、验收，验收合格后方可交付使用。

一般验收后，要对相关资料进行归档保存。

四、全面运营阶段

（1）制定管理制度：包括岗位制度、仪器管理、操作规范等。

（2）拟定测试方案：包括指导思想、工作目标、组织机构、人员分工、工作职责、测试项目及要求、实施步骤、工作保障、主要措施、应急预案等。

第三节　学生体质健康测试中心标准配置

一、学生体质健康测试中心人员岗位标准配置

（一）主任

1. 岗位要求

学生体质健康测试中心主任是学校《国家学生体质健康标准》执行实施的第一负责人，一般由主管体育工作的副校长担任。

2. 岗位职责

按照《国家学生体质健康标准》的要求，督查、指导本校学生体质健康测试工作，组织协调各部门配合测试工作。

（二）副主任

1. 岗位要求

本校体质测试工作的实施负责人，一般由体育部门负责人担任。

2. 岗位职责

（1）根据《国家标准》要求，制定学校测试工作计划和实施方案。

（2）依据测试方案，组织实施，做到分工明确，责任到人，确保各项工作顺利进行。

（3）汇总测试结果，组织人员及时准确地上报。

（4）及时总结测试工作，纠正和解决问题，并针对学生体测状况组织人员研究出解决方案。

（三）管理员

1. 岗位要求

负责学生体质健康测试中心日常工作，通常由体育部门指派专人担任。

2. 岗位职责

（1）负责学生基本信息汇总和统计录入工作。

（2）负责学校学生体质健康测试数据采集和上报工作。

（3）负责档案保存和管理工作。

（4）统计各项数据，及时反馈给学校。

（5）负责登记卡打印和学生数据查询工作。

（6）测试器材设备的日常保管与维护。

（四）测试小组组长

（1）岗位要求

负责组织学校学生体质健康测试现场组织实施。一般由副主任指定人员担任。

（2）岗位职责

①做好《国家标准》的宣传工作，负责做好测试前的准备工作，认真进行仪器的调试和维护，购买测试耗材。

②测试前要认真细致确认仪器是否完好，保持数据的完整和正确性。

③组织和管理学生进行体质健康测试。

④对提交的免于执行《国家标准》的情况进行抽查。

（五）其他临时人员

根据测试工作需要配置，人数和职责也由组长临时赋予。

二、学生体质健康测试中心仪器设备标准配备

测试设备依据学校在校人数进行配置，以各测试仪器的测试速度确保学生排队不超过 5 分钟为出发点，确保不扎堆，不混乱为宗旨。具体标准参考表 4-1。

表 4-1　**学生体质健康测试中心仪器设备配置标准参考值**

	3 万人以下	3 万~4 万人	4 万~5 万人	5 万~6 万人
身高体重	2 套	3 套	4 套	5 套
肺活量	4 套	6 套	8 套	10 套
坐位体前屈	4 套	6 套	8 套	10 套
立定跳远	3 套	4 套	5 套	6 套
引体向上（男生）	3 套	4 套	5 套	6 套
仰卧起坐（女生）	4 套	6 套	8 套	10 套
50 米跑	1 套	2 套	3 套	4 套
1000 米跑（男生）	1 套 （可套跑）	1 套 （可套跑）	1 套 （可套跑）	1 套 （可套跑）

三、学生体质健康测试中心场地配置与要求

（一）学生体质健康测试中心测试场地配置与要求

学生体质健康测试中心测试场地配置与要求以室外项目（运动场）+室内项目（测试室）为标准制定。室外测试项目包括 50 米跑、800 米跑、1000 米跑。室内测试项目包括身高体重（BMI）、肺活量、坐位体前屈、立定跳远、引体向上（也可室外）、仰卧起坐。具体参考表 4-2。

表 4-2 **学生体质健康测试中心测试场地配置与要求参考值**

室内项目	身高体重	仪器数量	2 套	3 套	4 套	5 套
		使用面积	3m^2	4m^2	5m^2	6m^2
		排队空地	16m^2	24m^2	32m^2	40m^2
	肺活量	仪器数量	4 套	6 套	8 套	10 套
		使用面积	6m^2	9m^2	12m^2	15m^2
		排队空地	32m^2	42m^2	64m^2	80m^2
	坐位体前屈	仪器数量	4 套	6 套	8 套	10 套
		使用面积	10m^2	15m^2	20m^2	25m^2
		排队空地	32m^2	48m^2	64m^2	80m^2
	立定跳远	仪器数量	3 套	4 套	5 套	6 套
		使用面积	36m^2	48m^2	60m^2	72m^2
		排队空地	24m^2	32m^2	40m^2	48m^2
	引体向上	仪器数量	3 套	4 套	5 套	6 套
		使用面积	9m^2	12m^2	15m^2	18m^2
		排队空地	24m^2	32m^2	40m^2	48m^2
	仰卧起坐	仪器数量	4 套	6 套	8 套	10 套
		使用面积	10m^2	15m^2	20m^2	25m^2
		排队空地	32m^2	48m^2	64m^2	80m^2
室外项目	50 米	仪器数量	1 套	2 套	3 套	4 套
		使用场地	运动场跑道			
		排队空地	无需考虑			
	800、1000 米跑	仪器数量	1 套（可套跑）	1 套（可套跑）	1 套（可套跑）	1 套（可套跑）
		使用场地	运动场跑道			
		排队空地	无需考虑			
容纳现场测试最高人数			100 人	150 人	200 人	250 人

注：（1）室内测试排队空地为公用空地，根据实际排队情况可以公用。

（2）室外运动场使用面积较大，无需考虑排队占地面积。

（二）学生体质健康测试中心配套设施使用场地配置与要求

学生体质健康测试中心配套设施主要有门禁系统闸机、安全配套的医务室、咨询服务的咨询处、成绩查询的自助终端成绩查询机、办公室、学生休息区、茶水间、更衣室和卫生间。具体参考表 4-3。

表 4-3　　　　学生体质健康测试中心配套设施使用场地参考值

使用场地	名称	数量	使用面积	备　注
室内配套场地	门禁闸机	2 套	$8m^2$	进出口各 1 套
	医务室	1 间	$25m^2$	
	咨询处	1 处	$6m^2$	
	终端成绩查询机	3~8 台	$1.5m^2$/台	按实际人数需求确定
	办公室	1 间	$30m^2$	
	学生休息区	30~50 个座位		可根据实际情况调整
	茶水间	1 处	$6m^2$	
	更衣室	1 间		按实际人数需求确定
	卫生间	1 间		按实际人数需求确定
室外配套场地	学生休息区	50 座位		利用运动场原有座位
	可移动医务处	1 个	$9m^2$	3m×3m 移动帐篷

第四节　学生体质健康测试中心布局设置

一、学生体质健康测试中心整体布局

（一）整体布局要求

（1）根据测试项目强度在保证不影响下一个测试项目成绩考虑，合理安排测试项目顺序与线路划分测试区域。

（2）确保学生不扎堆不拥挤，有序进行测试，充分利用公共空间并配以明显的指引标志。

（3）各测试区域必须配置测试方式与仪器使用图解和视频。

（4）场地选择上应以空气流动大、光线充足的地方为佳，若没有硬件条件，必须考虑通风与光源的合理设计。

(5) 测试室与运动场为保障学生安全，不允许有电源明显出现，所有电线必须隐藏。

(6) 测试室在测试期间属于人员密集场所，消防喷淋系统必须优先考虑，走火通道和出口需要明显指示。

(二) 整体布局图例（如图 4-1、图 4-2 所示）

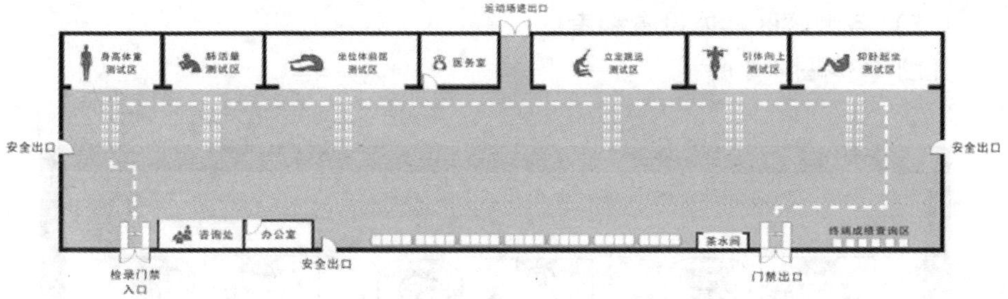

图 4-1　学生体质健康测试中心（室内）布局参考

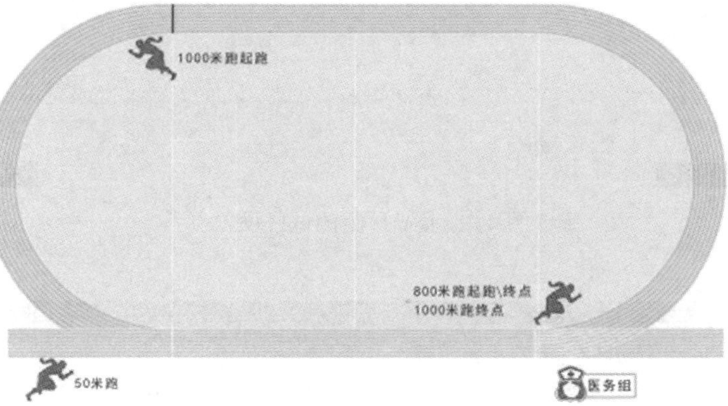

图 4-2　学生体质健康测试中心（室外）布局参考

二、学生体质健康测试中心整体设置

(一) 整体设置要求

(1) 装修设计风格以学校属性为主导，注入清新活力的时尚元素，迎合学生审美视觉效果，营造一种亲和力与充满动感的气氛。

(2) 供电电源线需要合理布局，并保证各测试区供电系统充足。

(3) 根据测试室条件设计通风系统，保证空气流通；采光与光源确保光线充足。

（4）无线网络全覆盖。

（5）测试区解读辅助物料配置与放置规范，《仪器操作规范指南》《项目测试方法》图解与视频。

（6）宣传栏设置在入场显著位置，内容包括《测试项目流程指导》《体质测试中心注意事项》《国家学生体质健康标准》。

（二）各测试区具体设置参考

如图 4-3~图 4-8 所示。

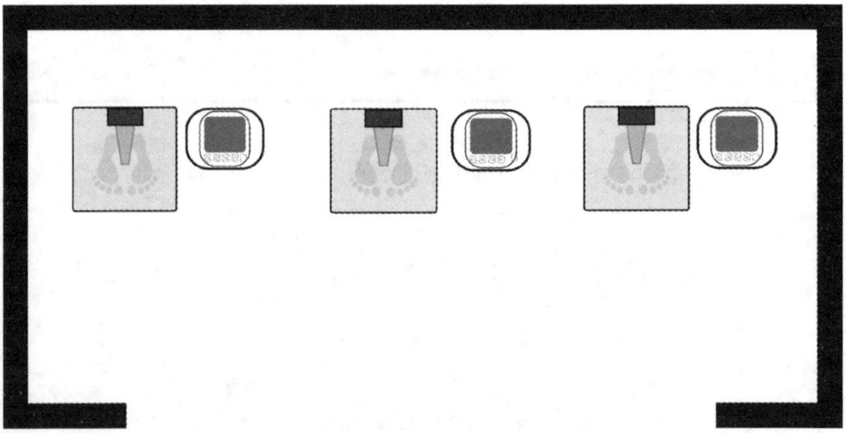

图 4-3 身高体重测试区设置参考

图 4-4 肺活量测试区设置参考

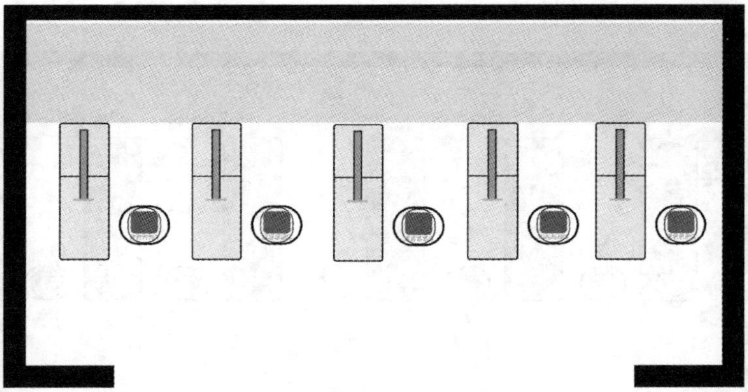

图 4-5　坐位体前屈测试区设置参考

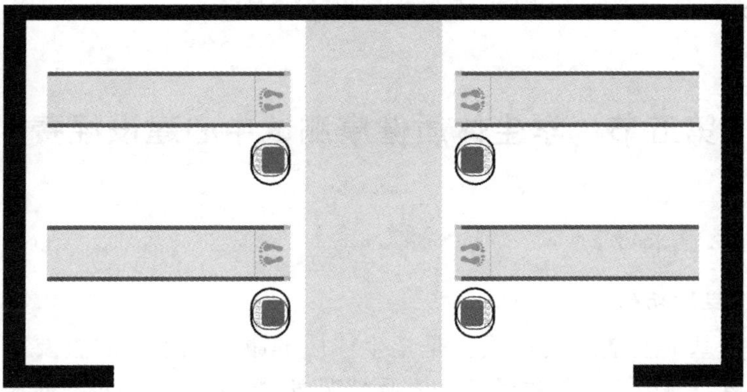

图 4-6　立定跳远测试区设置参考

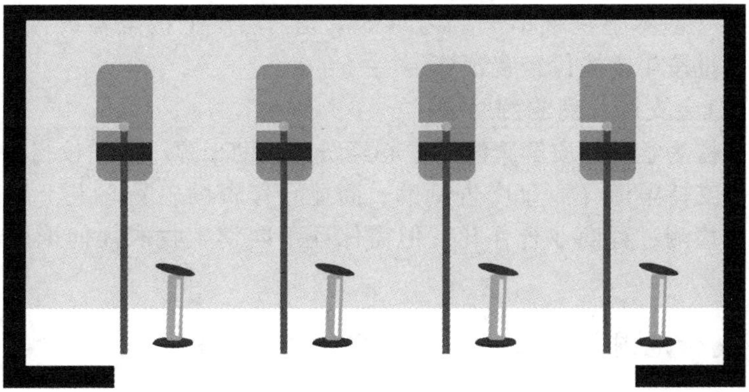

图 4-7　引体向上测试区设置参考

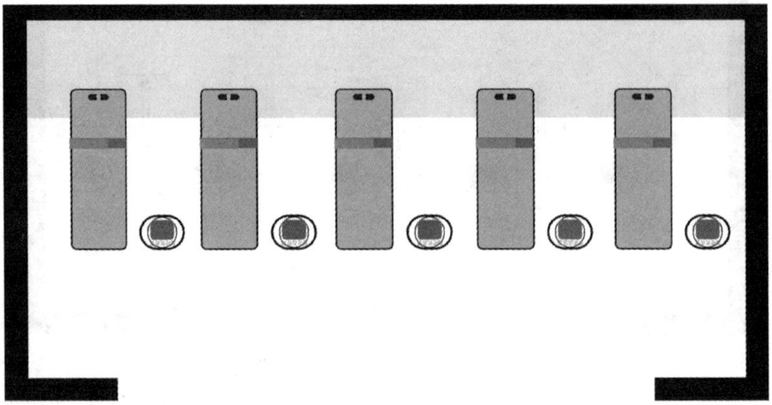

图 4-8 仰卧起坐测试区设置参考

第五节 学生体质健康测试中心建设经费

一、经费来源

（一）学校拨付

学校（基本上是高校）拨款是学生体质健康测试中心的重要来源。以年度为基本单元，由学校根据预算和实际情况拨付经费。目前没有统一的拨付标准，每所学校均不相同。

（二）行政拨款

以学校（基本上是中小学）为基本单元，层层上报至各级行政（教育）机关，经审批按年度拨付经费预算。

（三）社会支持（商业赞助等）

社会支持为学生体质健康测试中心经费的辅助来源。由学校自由安排，寻求多种社会支持渠道（商业广告赞助、商业合作资助、爱心人士捐款等）也可以将整个检测过程商业合作化，但需保证不向学生收取任何形式的额外费用。

二、支付范围与标准

（一）人员薪酬

这是指学生体质健康测试中心的日常管理人员的薪酬费用。目前没有统一标准，建议参考当地标准，结合各学校实际情况支付。

（二）临时人员劳务费

根据本校接受测试的人员数量，合理抽调体育老师配合测试中心人员，有效组织志愿者配合测试工作等，建议按相应标准发放劳务费。

（三）学习培训费用

定期安排中心人员前往相应的培训机构培训或者邀请专业人员对中心人员进行培训（费用符合当地市场价格标准），在学生体质测试期间，抽调相应的体育老师由测试中心人员进行短期培训，并适当发放相应的工作补贴。

（四）仪器设备采购及维护费

如身高测量计、体重测量仪、电子肺活量计、一次性肺活量吹嘴、秒表、丈量尺、电子握力计、坐位体前屈测量仪等仪器设备。通过正常程序招标，以不高于市场价格标准，根据自身经费规划购进，并通过了解设备的损坏率和维修频率预留维护更新设备的费用。

第五章　学生体质健康测试中心管理

第一节　学生体质健康测试中心管理制度

一、管理制度范围

学生体质健康测试中心的运行管理，须制定严格规范的各项制度并进行公示。管理制度包括：日常管理制度、安全保障制度、器材设备操作规范、测试工作人员条例、学生参加测试纪律条例、现场测试方案、数据档案保存办法、数据上报查询操作指南等基本制度和规范以及相关附件。

二、管理制度制定

管理制度由学生体质健康测试中心负责制定，报校领导审核批准，及时对外公布。具体条款由各学校根据自身实际情况制定，以具体详细可执行为宜。

第二节　学生体质健康测试安全管理规范

一、学生体质健康测试的日常安全措施

（一）加强对学生体质健康的培养

体质健康测试作为一种对学生体质健康状况的评价，其测试的强度和难度比较有限。其中风险很大一部分来源于学生自身的体质健康状况下滑。在测试中出现意外事件的学生，大部分是平常很少或几乎不参与体育锻炼的学生，其身体素质较差。降低学生体质健康测试风险的根本之策是加强对学生体质健康的培养。这一方面符合学校体育教学及学生体质健康测试的目标；另一方面又可以促进学生体质健康测试更好地开展。因此，应该重视学校体育，加强学校体育教学改革，改变当前学校体育教学中重应试轻素养、重少数轻全体、重比赛轻普及、文化课对体育课挤占的现象，发挥体育对学生强身健体方面的作

用。此外，还应培养学生终身体育锻炼的意识。体育作为学校教育，不仅是上好体育课，更重要的是让学生培养终身锻炼的体育习惯和意识，让学生形成经常性、自觉性的体育锻炼，提高大学生的体质健康水平。

（二）指导学生做好测试前准备工作

一方面，指导学生在测试前保持良好的体能。在学生体质健康测试中，测量测试者的身体状态、身体机能和身体素质，对学生的体能也是一种考验。因此，要让学生在体质测试前保持良好的体能，避免在体质测试前进行剧烈的运动，保持充足的休息和睡眠。另一方面，指导学生做好测试的准备工作，对体质健康测试形成正确的认识，避免过度的兴奋或胆怯，保持良好的自信心，并在测试前告知将要参与测试的学生关于测试的风险、注意事项以及不宜参与测试的情况，让学生对测试的风险有一个清楚的认识，采取必要的风险回避措施。在测试前，测试教师要对参与测试的学生进行询问，询问其是否吃过早餐、身体状态是否良好、是否患有不宜参加测试的相关疾病，对身体状态不佳和患有疾病的学生要另做安排。另外，在测试中密切观察学生，发现有身体异常的学生及时提供帮助，防止出现较严重的后果。

（三）提供良好的测试环境

测试环境作为风险因素的重要方面，主要包括测试的天气、场地、器材以及保障条件等，要使学生体质测试风险尽可能降低，必须保障一个良好的测试环境。首先，在天气方面，恶劣的天气将会直接影响到学生的健康和损伤。比如在雾霾天气下，因为水汽及悬浮颗粒物含量高，气压较低，人在运动时汗液不容易排出，容易出现血压升高、胸闷等不良反应，导致学生出现急性鼻炎、支气管炎等病症，甚至诱发心血管疾病。另外，阴雨天光线不好的天气、烈日炎炎及温度较低的寒冷天气不利于学生体质测试的开展，容易导致学生在测试中出现意外伤害。因此，应该选择适合的天气进行体质测试，尽量避免在恶劣的天气下进行测试。其次，在场地方面，作为大学生进行体质测试的重要条件，坑洼、潮湿的地面将会导致大学生体质测试时运动损伤几率大大增加。在测试前应该确保场地的平整，没有异物。最后，在保障条件方面，在测试前要确定医务人员、监督人员是否到岗，在医务人员、监督人员到场的情况下进行测试。测试教师在进行测试前要检查场地器材的状况，亲身体验场地的好坏、空气的质量、空间的大小、风速的大小、器材的配置，冬季测试前可准备热红糖姜茶，防止学生因为场地、气候的问题而受到伤害。

（四）严格按照规范进行测试

学生体质健康测试需要按照《国家学生体质健康标准》进行，在保障测试结果准确的同时，确保学生测试过程中的人身安全。应该按照规范配置场地和器材，器材设施不全的时候不进行测试。

二、学生体质健康测试的安全管理流程与具体措施

（一）学生体质健康测试前的健康筛查

学生体质健康测试前筛查。通过 HRA 功能医学检测，对人体组织、器官功能做全面的了解。提前发现不适合运动的线索和风险因素，防止运动意外和运动伤害的发生。检测项目包括：①间质的离子分析；②酸碱平衡分析；③自由基水平分析；④神经递质分析；⑤生化相对指标分析；⑥激素水平分析等。各检测项目正常值，见附录表 1。

（二）学生体质健康测试前的准备事项与具体措施

（1）测试前应积极召开多部门协调会议，安排部署体质健康测试的相关安全事宜，认真学习发生预案，对全体参加测试的师生进行安全教育，教师要人人明确职责，熟悉突发事件处置步骤，做到心中有数。

（2）班主任或辅导员要组织各班召开关于《国家学生体质健康标准》测试的主题班会，并全面了解、掌握学生身体状况（主要通过学生申请和班主任或辅导员调查了解，对有残障，部分身体异常、特型和病、残、弱等特殊群体的学生，或通过医生诊断有各种不适于剧烈运动的疾病，或由于突发事件造成的身体创伤，短期内不适合参加剧烈运动的学生，禁止其参加）。

（3）相关领导、职能处室的工作人员及各测试体育教师在测试前认真检查场地及器械，保证测试安全。设置安全责任岗，责任到人。领导小组要在活动进行期间加强对测试场地及过程的安全巡查工作。

（4）设立医务小组，在测试期间坚守现场，提前备好相关急救药品和器械，随时准备处理可能发生的运动伤害，并联系好就近医院做好相应的准备。

（5）告知并要求参加体质健康测试的学生须提前做到以下几个方面：

①训练：学生在参加体测前应提前 1~2 周进行适应性训练，提高自身身体素质。

②睡眠：学生应早睡早起，保证睡眠，保持良好的体力，以免测试时出现疲劳。

③饮食：学生测试前一餐饭不可吃得过饱，也不可处于饥饿状态，八九成饱即可。食物以高热量易消化食物为主，如米饭、面食、鸡蛋等。参加体测前应适量进食及饮水，切不可体测前过度饮食或空腹参加体测。

④服装：学生应穿着适宜运动的服装，测试时身上不要佩戴任何与考试无关的东西（项链、手链等），衣服上的徽章和口袋里的钥匙等硬质物品要取出，手机不要随身携带。袜子应选用纯棉质地的运动袜，一为充分吸收汗液，

二为能使脚掌与鞋子结合紧密，便于发力。最好选用轻质薄底宽纹运动鞋，一定要系好鞋带。勿带贵重物品，保管好自己的钱物。

⑤心态：学生应保持良好心态，不要紧张，放下心理包袱，轻松愉快参加体测。

⑥热身：各测试项目开始前，教师应指导和带领学生做好热身运动（如颈、肩、手腕、膝关节、踝关节等关节活动运动，扩胸运动，腰部运动，高抬腿，弓步压腿，慢跑，10~20米快速跑等），测试肺活量、体前屈、立定跳远等运动强度适中的项目后，如紧接着测试800（女）/1000（男）米、50米等运动强度大或速度快的项目时需重新做准备活动；50米跑测试前要做几组高抬腿和小步跑，充分热身防止受伤，确保良好的身体状态参加测试。

（6）测试前，安排要科学合理，800（女）/1000（男）米测试前要做适当热身，测试完成后要观察10分钟，确定学生无异样后进行后续测试。

（三）学生体质健康测试前的现场安全管理措施

（1）参加测试的所有工作人员及测试教师应配备统一的着装，责任到位、责任到人，各司其职，杜绝安全事故的发生，确保测试工作安全有序进行。

（2）引体向上（男）为正手引体向上，测试过程要有专人保护；仰卧起坐（女）禁止学生用双手交叉后用力推头部做。

（3）医务组在测试期间要坚守岗位，随时准备处理可能发生的运动伤害。

（4）测试过程中，学生因自身身体状况可随时终止测试，任何人不得阻拦；测试教师应密切关注学生身体情况，发现学生身体出现异常要及时终止测试。

（5）学生发生运动伤害，在岗老师和班主任或辅导员应立即通知并配合医务人员现场救治，如果伤情严重由班主任或辅导员拨打120陪同就医，及时通知其家长，并及时向主要领导汇报。

（6）参加体质健康测试的学生须遵守下列各项规定和要求。

①证件携带：参加测试时需携带本人校园一卡通或学生证，证件不齐全者不予测试。按照规定的测试项目流程进行测试，严禁弄虚作假、冒名顶替，一旦发现按违反考试纪律处理。

②测试纪律：入场后学生不得擅自离开指定地点。测试教师全程跟班，负责学生测试，确保学生安全。并检查学生服装、鞋帽、随身物品是否存在安全隐患并及时处理，讲清测试中应注意的安全问题，预防减少运动伤害。测试时，遵守测试相关规定，耐心排队等候；遵守测试程序，听从测试工作人员安排；爱护测试仪器设备；勿携带饮料食品进入测试场地，保持测试环境整洁。

③现场要求：学生参加测试时，应根据个人身体素质情况参加测试，如遇

当日身体状况不佳或测试项目难度超过个人身体素质承受能力的，应及时向测试负责教师报告，负责教师应视情况给予暂缓测试或建议办理免测，切勿盲目盲干。测试过程中如明显感到身体不适，无法完成该测试项目时，应立即向负责教师报告，并前往卫生所值勤点检查。

三、学生体质健康测试结束后的安全措施

（1）当学生个人测试结束后，应在现场稍作停留，观察其身体状况有无异样，如有异样及时联系现场医务人员。

（2）测试完成后，班主任或辅导员要在特定时间内，就测试时发生的问题再次召开班会进行说明，对测试过程中存在的问题进行反馈。

第三篇

学生体质测试中心操作规范

第六章　学生体质健康测试操作规范

第一节　学生体质健康测试总体规范流程

学生体质健康测试流程涵盖前端数据采集和后端数据应用部分。其规范流程如图 6-1。

第二节　学生体质健康测试项目操作规范

一、身高测试项目操作流程与规范

（1）测试目的：测试学生的身高，评价学生生长发育的水平。

（2）测试器材：身高计（机械身高计、电子身高计、智能身高计），如图 6-2 所示。

（3）测试对象：小学至大学各个年级的学生。

（4）评价标准：与体重配合使用得到学生的体重指数（BMI = 身高/体重的平方），具体标准见附录一。

（5）操作流程：

①测试前准备：身高计应靠墙放置在平坦的地面上，立柱的刻度尺应面向光源。测试人员要检查立柱是否垂直，连接处是否紧密，有无松动，若发现问题要及时纠正。使用机械身高计时，应对其“0”点进行检验，常用方法是使用“标准钢尺”放置在身高计底板上，检验身高计刻度，最小刻度不得大于 0.1 厘米，检验误差不得大于 0.1 厘米。使用电子身高计时，测试人员打开电源开关，将水平压板移至挡板处，按“按键”，显示屏显示 90.0，表明身高计已进入工作状态。如图 6-3 所示。

②测试时要求：受试者赤足，背向立柱站立在身高计的底板上；躯干自然挺直，头部正直，两眼平视前方。保持耳屏上缘与眼眶下缘呈水平位。上肢自然下垂，两腿伸直，两足跟并拢，足尖分开约 60 度。足跟、骶骨部、两肩胛

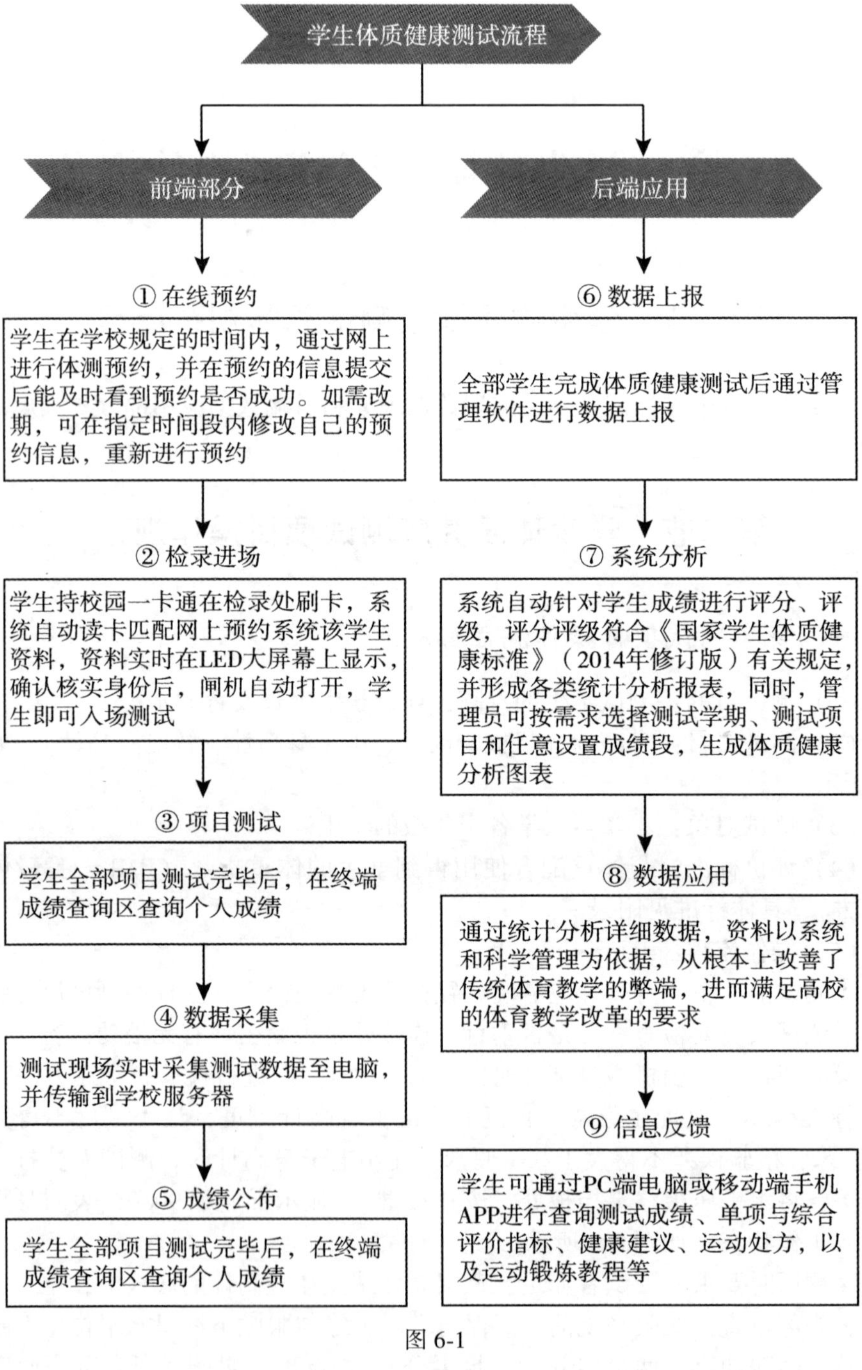
学生体质健康测试流程
前端部分
后端应用
① 在线预约
学生在学校规定的时间内，通过网上进行体测预约，并在预约的信息提交后能及时看到预约是否成功。如需改期，可在指定时间段内修改自己的预约信息，重新进行预约
② 检录进场
学生持校园一卡通在检录处刷卡，系统自动读卡匹配网上预约系统该学生资料，资料实时在LED大屏幕上显示，确认核实身份后，闸机自动打开，学生即可入场测试
③ 项目测试
学生全部项目测试完毕后，在终端成绩查询区查询个人成绩
④ 数据采集
测试现场实时采集测试数据至电脑，并传输到学校服务器
⑤ 成绩公布
学生全部项目测试完毕后，在终端成绩查询区查询个人成绩
⑥ 数据上报
全部学生完成体质健康测试后通过管理软件进行数据上报
⑦ 系统分析
系统自动针对学生成绩进行评分、评级，评分评级符合《国家学生体质健康标准》（2014年修订版）有关规定，并形成各类统计分析报表，同时，管理员可按需求选择测试学期、测试项目和任意设置成绩段，生成体质健康分析图表
⑧ 数据应用
通过统计分析详细数据，资料以系统和科学管理为依据，从根本上改善了传统体育教学的弊端，进而满足高校的体育教学改革的要求
⑨ 信息反馈
学生可通过PC端电脑或移动端手机APP进行查询测试成绩、单项与综合评价指标、健康建议、运动处方，以及运动锻炼教程等

图 6-1

图 6-2

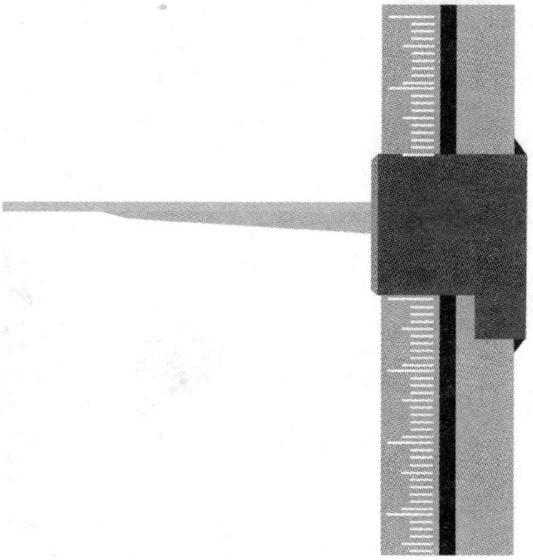

图 6-3

间与立柱相接触，呈“三点一线”站立姿势。如图 6-4 所示。

③测试人员读数记录：使用机械身高计时，测试人员单手将水平压板沿立柱向下滑动至受试者头顶。读数时，测试人员双眼与水平压板水平面等高；记录员复述后进行记录；记录时，以厘米为单位，精确到小数点后一位。如图 6-5 所示。

使用电子身高计测量时，受试者应按要求站立在身高计底板上，测试人员单手将水平压板沿立柱下滑至受试者头顶。显示屏显示身高数值；测试人员记录数值。

使用智能身高计测量时，按照语音提示进行测量，测试数值将自动写入

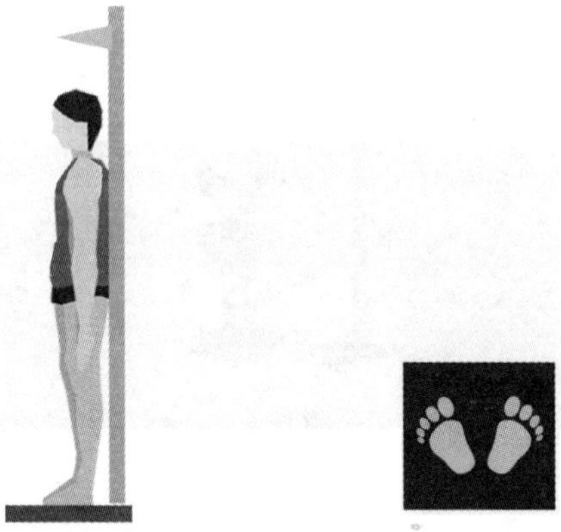

图 6-4

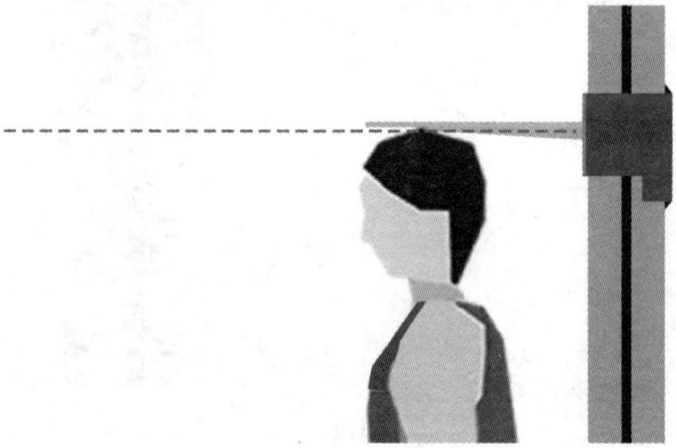

图 6-5

IC 卡内。

（6）测试中常见的错误：受试者头顶上的发辫、发结未放开，饰物未取下，应让其放开发辫、发结，取下饰物后再测。受试者头过低或过高，耳屏上缘与眼眶下缘未呈水平位；或足跟、骶骨部及两肩胛间未与立柱相接触；或穿鞋站立于身高计上，应纠正后再测。

（7）注意事项：测试前，受试者不得进行剧烈体育活动和体力劳动。测试人员读数完毕后，要将水平压板推回到安全高度，以防碰坏水平压板或碰伤受试者。智能型身高计的水平压板是自动升降的，测试人员不要强行将其停止或上下移动，测试时，严禁拔卡。

二、体重测试项目操作流程与规范

（1）测试目的：测试学生的身体重量，与身高配合使用得到体重指数，可以有效地评价学生身体的匀称度和营养状况。

（2）测试器材：电子体重秤或杠杆秤，禁止使用弹簧体重秤。如图 6-6 所示。

图 6-6

（3）测试对象：小学至大学各个年级的学生。

（4）评价标准：与身高配合使用得到学生的体重指数（BMI＝身高/体重的平方），具体标准见附录一。

（5）测试流程：

①测试前准备：体重计应放置在平坦的地面上，并进行灵敏度和准确度检验。灵敏度检验的方式是将备用的 100 克标准砝码加到体重秤上，如果显示屏上显示的读数增加了 0.1 千克，表示仪器灵敏度符合测试要求。准确度检验的方式是采用备用的 10 千克、20 千克、30 千克标准砝码分别进行称量，检验误差不得大于 0.1 千克。

②测试时，男性受试者身着短裤，女性受试者身着短裤、短袖衫，赤足，自然站立在体重计中央，保持身体平稳。

③测试人员读数时，以千克为单位，精确到小数点后一位。记录员复述后进行记录。使用电子体重计时，受试者按要求站立在体重计中央，3～5 秒后，显示屏显示体重数值，测试人员记录数值；使用智能体重计时，按照语音提示进行测量，测试数据将自动写入 IC 卡内。

（6）测试中常见的错误：受试者没有站立在体重计中央，穿鞋站立于体

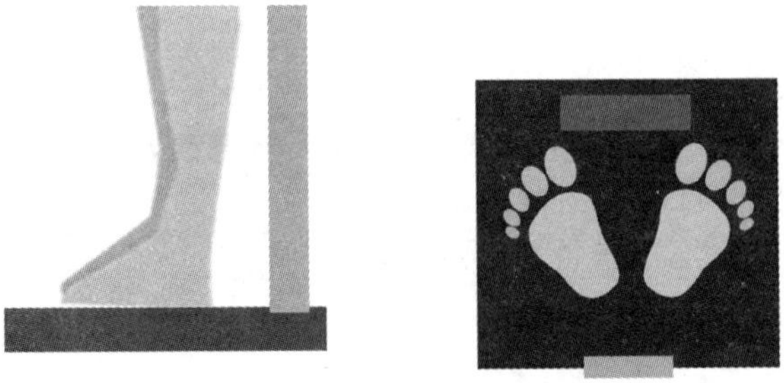

图 6-7

重计上或持物品站立于体重计上，应纠正后再测。

（7）注意事项：测试前，受试者不得进行剧烈体育活动或体力劳动，不要大量饮水；杠杆秤每天都要按照要求进行校验，避免系统误差。

三、肺活量测试项目操作流程与规范

（1）测试目的：学生在尽最大努力吸气后，再尽最大努力呼气所能呼出的气体量，可以测试学生肺容积和肺通气功能的常用指标。

（2）测试器材：肺活量计，应放在平稳桌面或专用支架上。如图 6-8 所示。

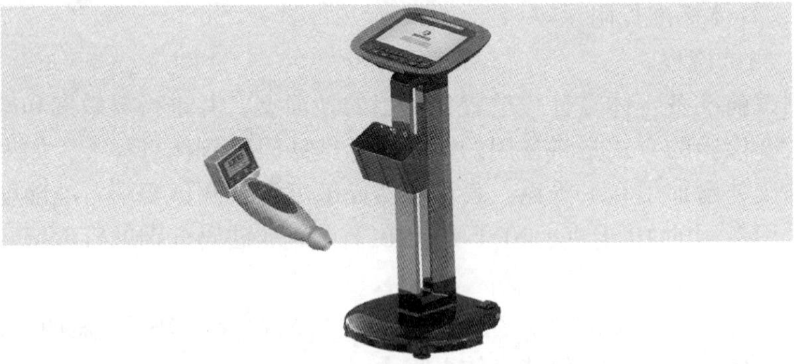

图 6-8

（3）测试对象：小学五年级至大学各个年级的学生。

（4）评价标准：见附录一。

（5）测试流程：

①测试前准备：用标准气体容量测试器进行肺活量计的检验，测试应在通风良好的房间内进行；使用电子肺活量计时，测试人员打开电源开关，待显示屏上的闪烁信号定格在“0”时，表明肺活量计进入了工作状态；测试人员还应在测试前将插嘴装在文式管的进气口上，交给受试者，向受试者讲解测试要领，嘱其不必紧张。如图 6-9 所示。

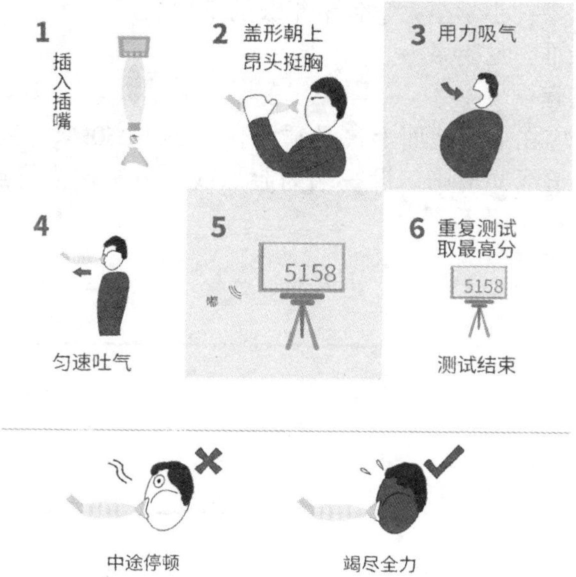

图 6-9

②测试时，受试者呈自然站立位，手握文式管手柄，使导压软管在文式管上方，头部略向后仰，尽力深吸气直到不能吸气为止；然后，将嘴对准口嘴缓慢地呼气，直到不能呼气为止；以中等速度和力度吹气效果最好，不得中途二次吸气。呼气结束后显示屏上显示的数值即为肺活量值，测试两次，间隔时间不超过 15 秒。

③测试人员读数和记录：记录两次测试的最大值，以毫升为单位，不保留小数。使用智能肺活量计时，按照语音提示进行测量，测试数值将自动写入 IC 卡，并语音提示结果。

（6）测试中常见的错误：受试者测试时，导压管朝下或手堵住了出气口，应纠正再测。

（7）注意事项：肺活量计计量部位的通畅和干燥是仪器准确的关键，导压软管必须在文式管上方，以免唾液等杂物堵住通气道。每测试 10 人及测试完毕后，要用干棉球及时清洁通气管内部。

四、50 米跑测试项目操作流程与规范

（1）测试目的：测试学生 50 米快速跑的发展水平，反映学生移动速度、反应速度、灵敏素质及神经系统灵活性，评价学生的速度素质。

（2）测试器材：发令旗、口哨和秒表。

（3）测试对象：小学至大学各个年级的学生。

（4）评价标准：见附录一。

（5）测试流程：

①测试前，应在平坦地面上（地质不限）画长 50 米、宽 1.22 米的直线跑道若干条，跑道线要清晰。设一端为起点线，另一端为终点线。如图 6-10 所示。

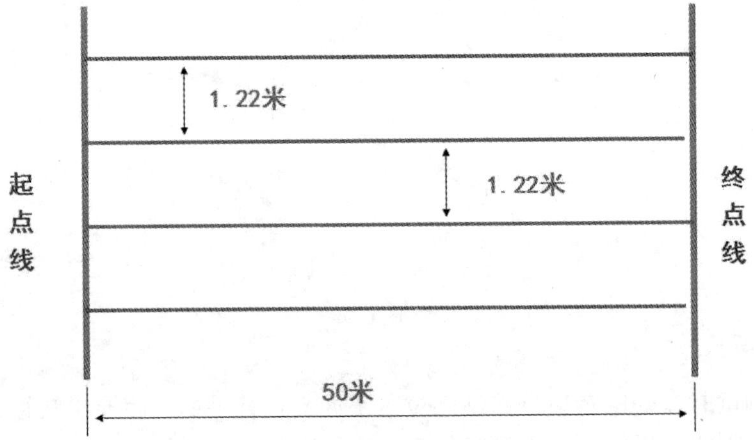

图 6-10

②测试时，受试者至少 2 人一组，采用站立式起跑；当听到起跑信号后，立即起跑，全力跑向终点线。发令员站在起点线的侧面，在发出起跑信号的同时，挥动发令旗。计时员位于终点线的侧面，视发令旗挥动的同时，开表计时；当受试者胸部到达终点线的垂直面时停表。如图 6-11 所示。

使用智能 50 米测试仪时，受试者站在起跑线后，测试人员按下“确认”键，机器发出“砰”的枪响后，受试者起跑，仪器显示计时时间。如图 6-12 所示。

③读数和记录：记录以秒为单位，保留小数点后 1 位；小数点后第 2 位

图 6-11

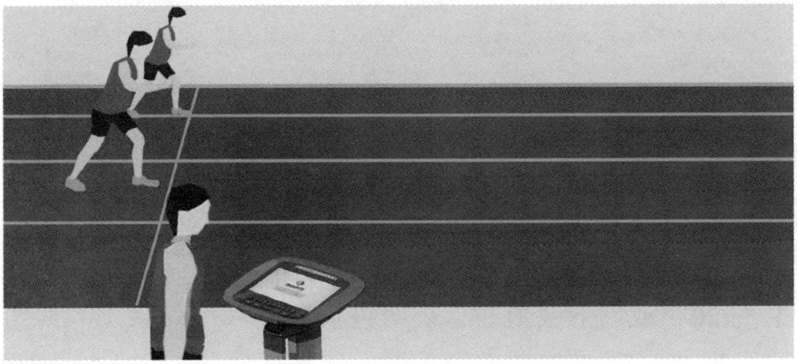

图 6-12

数，按非“0”进“1”的原则进位。若使用智能测试仪，则受试者到达终点，计时停止，仪器自动将测试结果写入 IC 卡，并语音提示结果。

（6）测试中的常见错误：受试者踩、跨起跑线，抢跑或途中串道，应召回重跑。

（7）注意事项：测试前，受试者需做充分的准备活动；受试者应穿运动鞋或胶鞋，不能穿钉鞋、皮鞋、凉鞋参加测试；测试时，如遇风，一律顺风跑。

五、坐位体前屈测试项目操作流程与规范

（1）测试目的：测试学生在静止状态下躯干、髋、膝等关节可能达到的最大活动幅度，反映学生关节灵活性、韧带和肌肉的伸展性与弹性。

（2）测试器材：坐位体前屈测试仪（机械或电子仪器）、软垫。如图 6-13 所示。

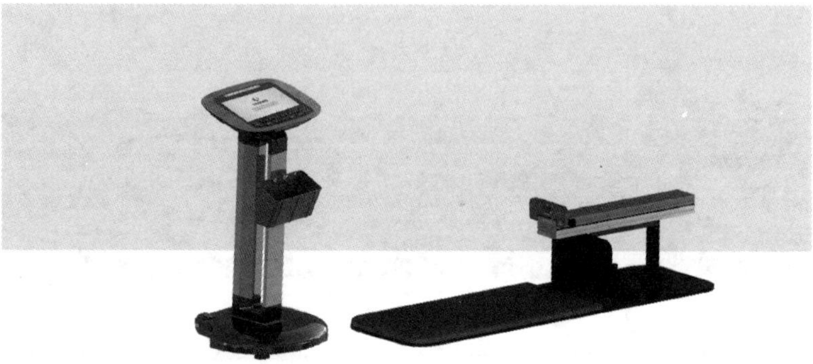

图 6-13

（3）测试对象：小学至大学各个年级的学生。

（4）评价标准：见附录一。

（5）测试流程：

①测试前，应将坐位体前屈测试仪与软垫放置在平坦的地面上。使用电子测试仪时，测试人员打开电源开关。将游标推到导轨的近侧端，当显示屏上显示出“-20”或以下数值时，表明该仪器进入工作状态。如图 6-14 所示。

图 6-14

②测试时，受试者面向仪器，坐在软垫上，两腿向前伸直；两足跟并拢，蹬在测试仪的挡板上，脚尖自然分开 10~15 厘米。受试者双手并拢，掌心向下平伸，膝关节伸直，身体前屈，用双手中指指尖匀速推动游标平滑前行，直到不能推动为止。使用电子测试仪时，受试者按照要求推动游标，按照语音提示进行测量，显示屏显示测试数值。受试者共测试两次。如图 6-15 所示。

③读数和记录：测试人员记录两次测试的最大值，以厘米为单位，精确到

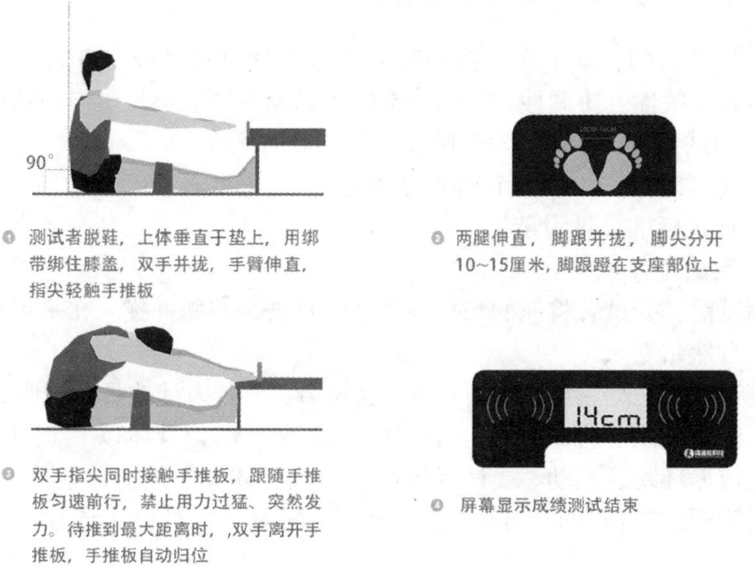

图 6-15

小数点后 1 位。记录时，游标超过“0”点，记录为正值；游标未超过“0”点，记录为负值。若使用电子测试仪，测试数值将自动写入 IC 卡，并语音提示结果。

（6）测试中的常见错误：受试者单手向前或双臂突然发力向前推动游标；身体前屈时，受试者膝关节弯曲或足跟与挡板分离，应纠正，并重测。如图 6-16 所示。

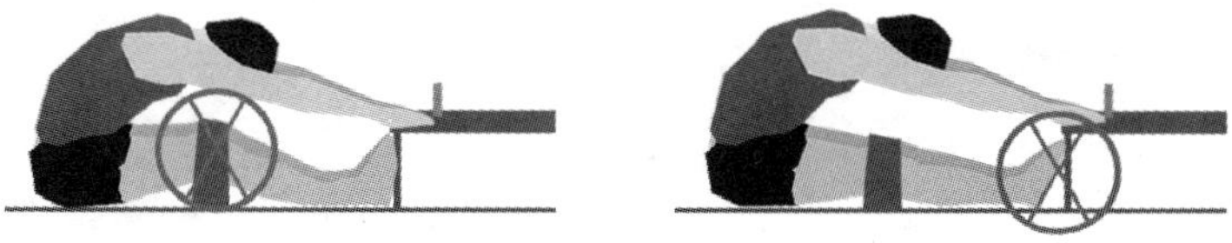

图 6-16

（7）注意事项：测试前，受试者需做充分的准备活动；每次测试前，测试人员都要将游标推到导轨近端位置；测试人员要正确记录受试者测试数值前的“+”“-”号。

六、1 分钟跳绳测试项目操作流程与规范

（1）测试目的：学生在环摆的绳索中做各种跳跃动作，有效综合地反映学生身体的灵敏性、协调性、动作节奏感，以及下肢肌肉力量与心肺功能。

（2）测试器材：秒表、发令哨和长度不等的跳绳。

（3）测试对象：小学各个年级的学生。

（4）评价标准：见附录一。

（5）测试流程：

①测试前，受试者将绳的长短调至适宜长度，双腿并拢，在平坦、整洁的场地上呈自然站立。

②测试时，2 人一组，其中 1 名为受试者，1 名为计数员，当听到开始信号时，受试者采用前脚掌起跳，手腕完成弧形摆动，身体以“正摇双脚跳”的方式完成循环跳跃运动。受试者每跳跃 1 次且摇绳 1 周，计数员计为 1 次，当受试者听到结束信号时，停止跳跃运动，同时计数员停止计数。如图 6-17 所示。

图 6-17

使用电子跳绳计测量时，要根据受试者的身高调整跳绳长度，并将跳绳手柄与跳绳固定住，当听到开始信号时，受试者按下手柄上的开始键，计时开始；当受试者完成测试时，显示屏上显示的测试数值即为跳绳次数。如图 6-18 所示。

③读数和记录：测试结束时计数员大声报数，并记录，测试单位为次/分。若使用智能跳绳计，按照语音提示进行测量，测试数值将自动写入 IC 卡。

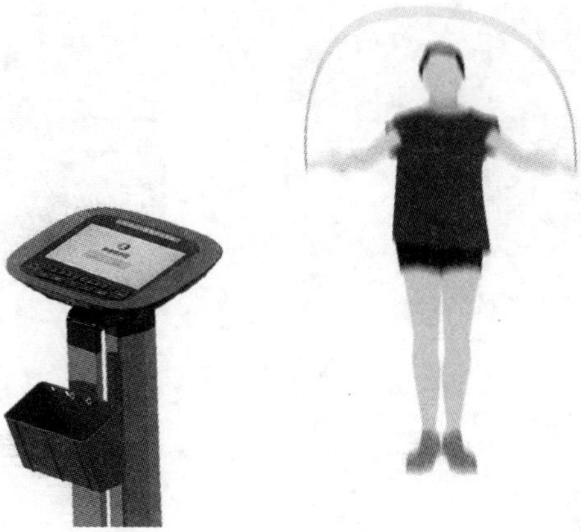

图 6-18

（6）测试中的常见错误：受试者采用正摇单脚跳、双腿交替跳或行进跳等方式跳跃，该次不计数，立即纠正，继续测试。

（7）注意事项：测试前，受试者需做充分的准备活动；受试者应穿运动鞋或胶鞋，不能穿钉鞋、皮鞋、凉鞋参加测试；跳绳应软硬、粗细适中，避免对学生造成伤害。

七、立定跳远测试项目操作流程与规范

（1）测试目的：反映学生下肢爆发力及身体协调能力。

（2）测试器材：丈量尺或智能立定跳远测试仪。

（3）测试对象：初中至大学各个年级的学生。

（4）评价标准：见附录一。

（5）测试流程：

①测试前，采用丈量尺在沙面与地面平齐的沙坑或土质松软的平坦地面上进行测试；起跳地面要平坦，不得有凹陷，起跳线至沙坑近端距离不得小于 30 厘米。如图 6-19 所示。

②测试时，受试者两脚自然分开，站在起跳线后，双脚原地同时起跳。丈量起跳线后缘至最近着地点后缘之间的垂直距离。测试 3 次。如图 6-20 所示。

使用智能立定跳远测试仪时，要将测试传感器摆放到平整的场地，受试者选择合适的起跳点，按动作要领测试，起跳落地后从测试区正前方走出，测试 3 次，3 次测试的最好结果自动存入 IC 卡。如图 6-21 所示。

③记录 3 次测试的最好成绩，以厘米为单位，保留 1 位小数。

图 6-19

图 6-20

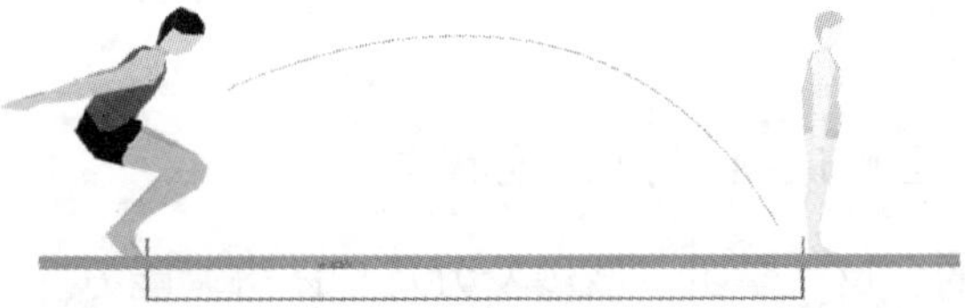

不得有垫步连跳动作，丈量起跳线后缘至最近着地点垂直距离。

图 6-21

（6）测试中的常见错误：受试者起跳前两脚尖触线、过线或起跳时有垫跳、助跑、连跳等动作，应判犯规，须重跳。

（7）注意事项：测试前，受试者需做充分的准备活动；发现犯规时，此次成绩无效，3 次均无成绩者，须再跳，直至取得成绩为止；可以赤足，但不得穿钉鞋、皮鞋、凉鞋参加测试。

八、1 分钟仰卧起坐测试项目操作流程与规范

（1）测试目的：测试学生的腰腹部肌肉耐力水平。

（2）测试器材：软垫、秒表或电子仰卧起坐测试仪。如图 6-22 所示。

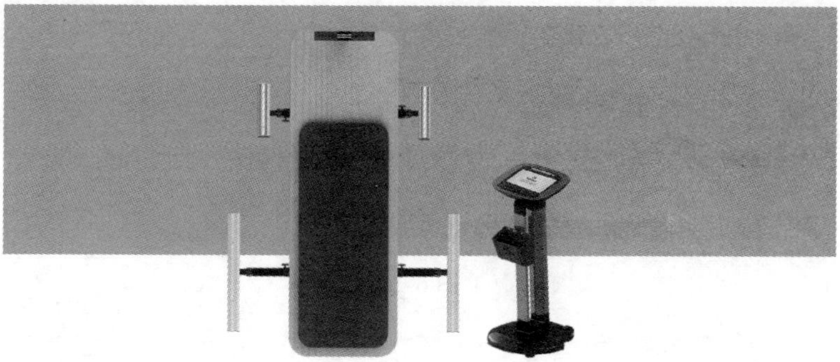

图 6-22

（3）测试对象：小学三至六年级的男女学生，以及初中至大学各个年级的女生。

（4）评价标准：见附录一。

（5）测试流程：

①测试前，软垫放于平坦、整洁的场地上，地质不限；受试者仰卧于软垫上，两腿稍分开，屈膝呈 90°，两手手指交叉贴于脑后；同伴或测试人员按压其踝关节，以固定下肢。

②测试时，在测试人员发出“开始”口令的同时开表计时，记录 1 分钟内受试者完成次数。受试者坐起时，两肘触及或超过双膝为完成 1 次。如图 6-23 所示。

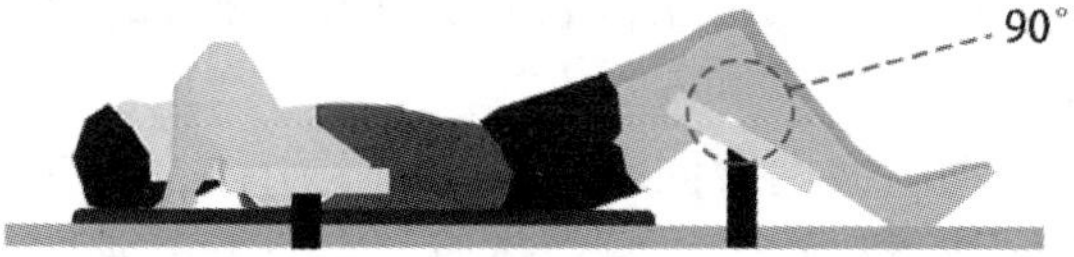

图 6-23

使用电子仰卧起坐测试仪时，受试者仰卧于测试板上。测试人员根据受试者躯干和下肢的长度调节托膝架和搁脚板位置，使受试者屈膝呈 90°，按下测试板上的红色开始键。受试者听到蜂鸣器“嘀”的一声响后，开始完成 1 分钟仰卧起坐。如图 6-24 所示。

③记录受试者 1 分钟完成的次数，精确到个位；1 分钟到时，受试者虽已坐起但肘关节未触及双膝者不计该次数。若使用智能仰卧起坐测试仪，测试数

图 6-24

值将自动写入 IC 卡，并语音提示结果。

（6）测试中的常见错误：受试者仰卧时，两肩胛没有触垫、双手没有抱头，膝关节没有屈膝 90 度、借用肘部撑垫或臀部起落的力量完成起坐时，该次不计数，立即纠正后，继续测试。

（7）注意事项：测试前，受试者需做充分的准备活动；受试者双脚必须放于软垫上；测试过程中，测试人员应向受试者报数。

九、引体向上（男）测试项目操作流程与规范

（1）测试目的：测试男生上肢肌肉力量和耐力。

（2）测试器材：高单杠或高横杠，杠的粗细以受试者手能握住为准。

（3）测试对象：初中至大学各个年级的男生。

（4）评价标准：见附录一。

（5）测试流程：

①受试者面向单杠，自然站立；然后跃起正手握杠，双手分开与肩同宽，身体呈直臂悬垂姿势。

②待身体停止晃动后，两臂同时用力，向上引体；引体时，身体不得有任何附加动作；当下颌超过横杠上缘时，还原，呈直臂悬垂姿势，为完成 1 次。

使用电子引体向上测试仪时，应将臂带绑在受试者上臂中部。测试完毕后，显示屏显示引体向上的次数。如图 6-25、图 6-26 所示。

③测试人员记录受试者完成的次数，以次为单位。

（6）测试中的常见错误：受试者反手握单杠，应纠正；下颌达不到横杠上缘，或引体时身体有摆动、屈膝、挺腹等动作，该次不计数，立即纠正后，继续测试。

（7）注意事项：测试前，受试者需做充分的准备活动；受试者向上引体时，两次引体向上的间隔时间超过 10 秒即终止测试；若受试者身高较矮，不

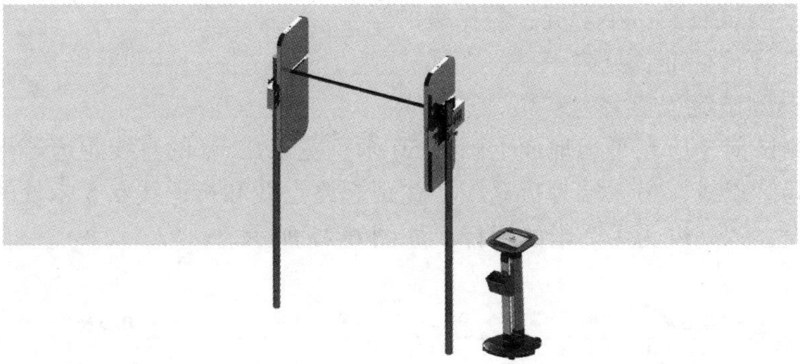

图 6-25

图 6-26

能自己跳起握杆时，测试人员可以提供帮助；测试时，应有相应的保护措施，防止伤害事故的发生。

十、50 米×8 往返跑测试项目操作流程与规范

（1）测试目的：测试学生灵敏及耐力素质发展水平。

（2）测试器材：发令旗、口哨、秒表和标杆。

（3）测试对象：小学五、六年级的学生。

（4）评价标准：见附录一。

（5）测试流程：

①测试前，应在平坦地面上画长 50 米、宽 1.22 米的直线跑道若干条，设一端为起终点线，另一端为折返线；在距起终点线和折返线 0.5 米处的跑道中央，各设立一高度为 1.2 米的标杆。如图 6-27 所示。

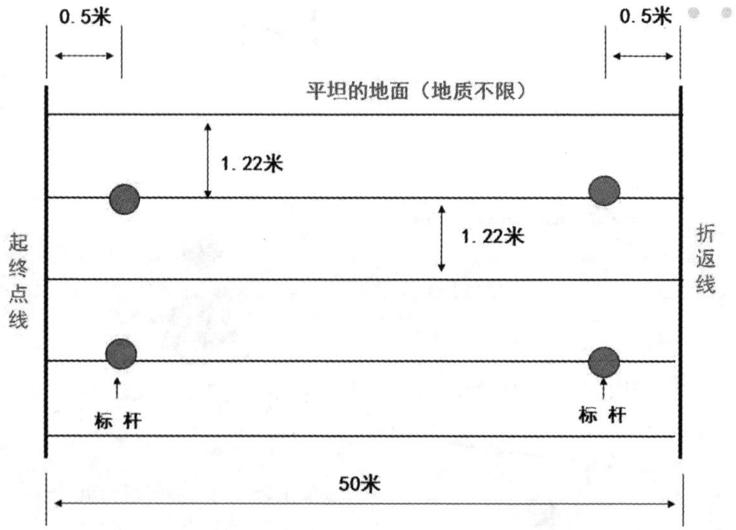

图 6-27

②测试过程中，受试者至少 2 人一组，采用站立式起跑；当听到起跑信号后，立即起跑，全力跑向折返线；在到达折返线时，按逆时针方向绕过标杆后跑回起、终点线，再按逆时针方向绕过标杆后跑向折返线，为完成一圈；共跑 4 圈；发令员站在起终点线侧面发令，在受试者起跑的同时，开表计时，当受试者胸部到达终点线垂直面时停表。如图 6-28 所示。

使用智能往返跑测试仪测试时，需将测试传感器摆放到测试场地的起终点线上；受试者在起点做好准备后，按下按键，计时开始；按测试要求的往返次数完成测试，此时显示屏即显示完成往返跑的时间和次数。

③记录以秒为单位，先将成绩依分、秒写入相应的横线内，再换算成秒，填入方格中；保留小数点后 1 位；小数点后第 2 位数，按非“0”进“1”的原则进位。

(a)

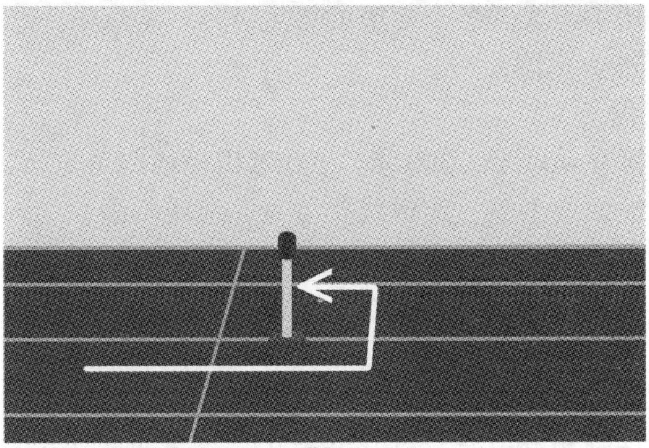

(b)

(c)

图 6-28

（6）测试中的常见错误：受试者踩、跨起跑线，抢跑，折返时碰杆或手扶杆，应判犯规，须重跑；测试中数错圈数，须重跑；受试者测试完毕后不能立即坐卧休息，应慢走。

（7）注意事项：测试前，受试者应做好充分的准备活动；受试者应穿运动鞋或胶鞋，不能穿钉鞋、皮鞋、凉鞋参加测试。

十一、800米（女）/1000米（男）跑测试项目操作流程与规范

（1）测试目的：测试学生的耐力素质，可以有效地反映学生心血管、呼吸系统的机能及肌肉耐力。

（2）测试器材：发令旗、口哨和秒表。

（3）测试对象：800米跑测试适用于初中至大学各个年级的女生，1000米跑测试适用于初中至大学各个年级的男生。

（4）评价标准：见附录一。

（5）测试流程

①测试应安排在400米、300米、200米田径场跑道进行，若场地不正规，必须丈量准确，地面要平整，跑道线要清楚，地质不限。

②测试过程中，受试者至少2人一组，采用站立式起跑；当听到起跑信号后，立即起跑，全力跑向终点线。发令员站在起点线的侧面，在发出起跑信号的同时，挥动发令旗。计时员位于终点线的侧面，视发令旗挥动的同时，开表计时；当受试者跑完全程，胸部到达终点线的垂直面时停表。如图6-29所示。

使用智能中长跑测试仪时，打开电源开关，受试者站在起点线后，当听到测试仪发出“砰”的枪响后，受试者起跑，仪器显示计时时间。受试者由第二道或第三道冲刺，阻断测试终端的红外开关后，计时停止；未完成最后一圈的受试者须从一道通过，继续测试。仪器自动将测试结果存入IC卡。如图6-30所示。

③记录以秒为单位，先将成绩依分、秒写入相应的横线内，再换算成秒，填入方格中；保留小数点后1位；小数点后第2位数，按非“0”进“1”的原则进位。

（6）测试中的常见错误：受试者踩、跨起跑线或抢跑，应判犯规，须重跑；受试者测试完毕后，不可以立即坐卧休息，应慢走。

（7）注意事项：测试前，受试者需做充分的准备活动；在非400米标准场地上进行测试，测试人员应向受试者报告剩余圈数，以免跑错距离；受试者应穿运动鞋或胶鞋，不能穿钉鞋、皮鞋、凉鞋参加测试；记录人员进行分秒换算时要细心，防止出错；受试者通过终点线后方可减速。

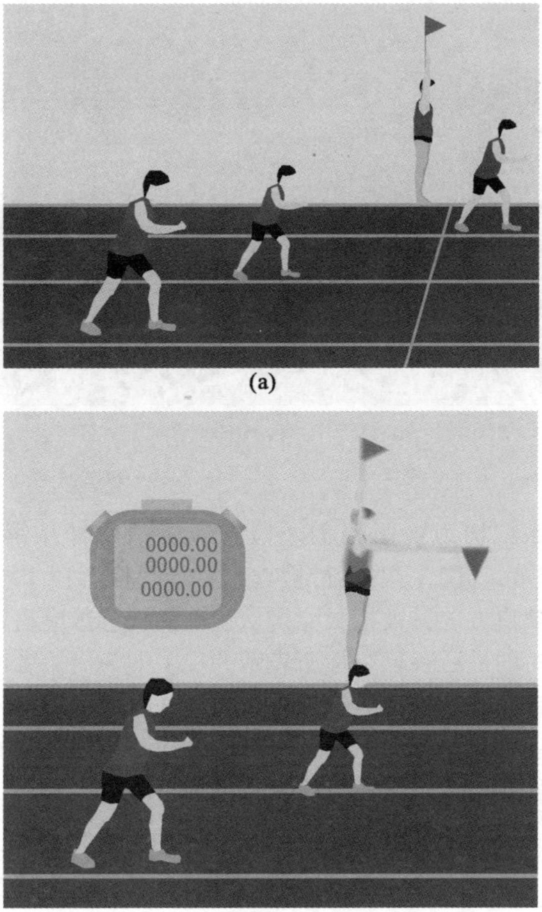

(a)

(b)

图 6-29

十二、视力测试项目操作流程与规范

（1）测试目的：测试学生的视力发展水平。

（2）测试器材：视力表、遮眼板、指示杆。

（3）测试对象：小学至大学各个年级的学生。

（4）测试流程

①测试前，布置好测试场地，检验测试仪器性能是否良好。

②测试时，受试者距视力表 5 米处站立，用遮眼板将一侧眼轻轻遮上，先

图 6-30

查左眼，后查右眼，均为裸眼视力。检查者用指示杆从第一行的最大视标（4.0行视标）开始，自上而下逐行检查，要求受检者在3秒钟内说出或用手势表示该视标的缺口方向，被检眼能辨认正确的视标数应超过该行视标总数的一半，受试者说对的最后一行视标所表示的视力即为受检者该眼的视力。

③如果受试者在5米处不能识别视力表4.0行视标，则让其逐渐向视力表走近，直至刚能识别4.0行视标为止。记录被检眼与视力表的距离，用4.0加上不同距离相应的校正值，记录为受试者的视力。见表6-1。

表6-1　　**远视力表变距校正表**

检查距离（略值）	校正值	记录的视力值
5米	0	4.0
4米	-0.1	3.9
3米	-0.2	3.8
2.5米	-0.3	3.7
2米	-0.4	3.6
1.5米	-0.5	3.5
1.2米	-0.6	3.4
1米	-0.7	3.3

例如，受试者在 4 米处刚能识别 4.0 行视标，4 米处校正值为-0.1，则 4.0-0.1=3.9，其被检眼视力记录为 3.9。

第三节　学生健康测试数据上报操作规范

一、整体上报流程

学生体质健康数据上报是学校每年体质测试结束后，把当年学生的测试结果上报到教育部中国学生体质健康网的过程。如图 6-31 所示。

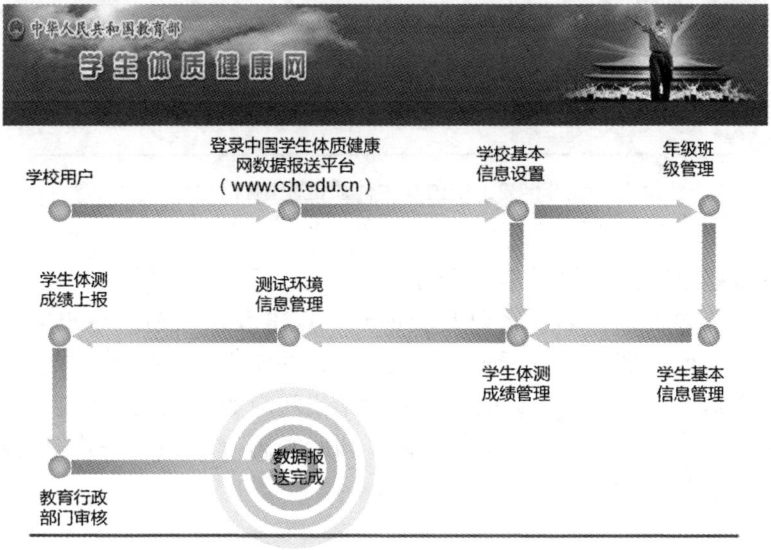

图 6-31

二、具体操作规范

（一）系统登录

1. 登录网站

打开门户网站，用户打开中国学生体质健康网（网址：www.csh.edu.cn）首页，如图 6-32 所示。

2. 登录系统

在网站首页，点击横向菜单或竖向菜单“数据上报平台”都可以进入网

图 6-32　中国学生体质健康网首页

站数据上报登录页面，如图 6-33 所示。

登录后，输入账户名、密码和验证码，点击登录按钮。用户输入的登录名、密码和验证码都正确，可成功进入系统，并使用系统提供的功能。当用户输入的三个信息中有一个错误时，系统会给出相应的错误提示。

新用户：账户为 Admin_ 机构编码，初始密码为 123；机构编码点击“学校查询”查看机构编码。

3. 完善信息

对于初次登录系统的用户，成功登录后，系统会提示用户重置密码、完善学校基本信息和测试项目设置。

步骤 1：重置密码，页面如图 6-34 所示。用户可以修改系统提供的默认密码，输入密码和确认密码（密码和确认密码必须一致），点击按钮“下一步”，密码修改成功后，系统跳到完善学校基本信息页面。

步骤 2：完善学校基本信息，页面如图 6-35 所示。输入学校名称、联系地址、邮政编码等信息，点击“下一步”按钮，输入信息验证通过后，系统跳到年级设置页面。

完善基本信息需要注意以下事项：①输入框后带“ * ”为必填项。②学校类型应该选择正确，否则会影响下一步年级信息的创建。

步骤 3：体测项目设置，页面如图 6-36 所示。系统显示各年级的体测项

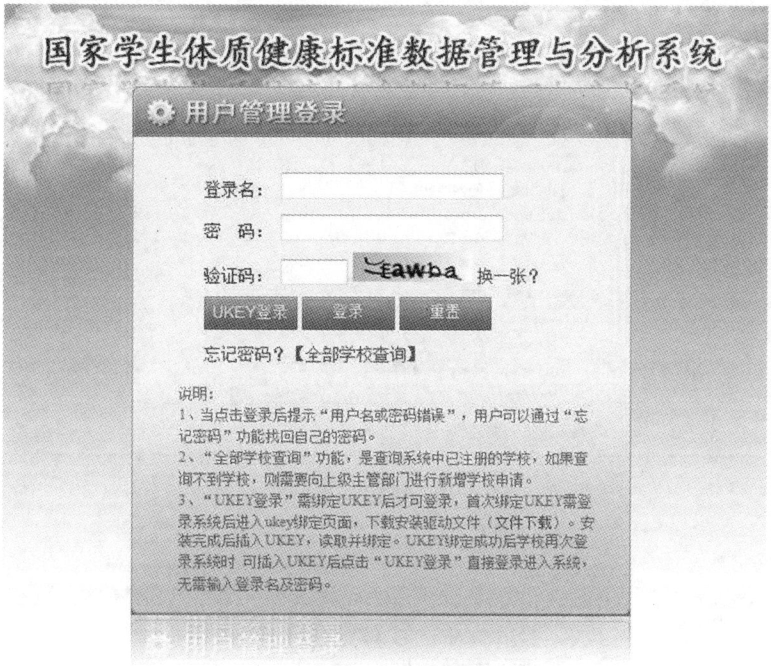

图 6-33　用户登录页面

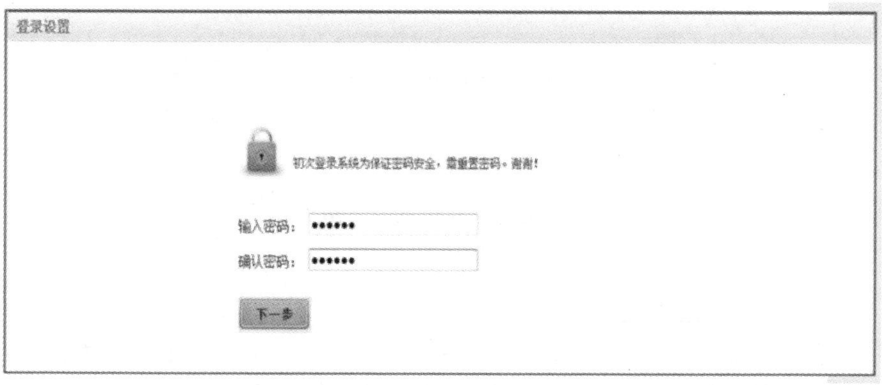

图 6-34　重置密码页面

目，必测项目不需要设置，只需要设置选择选测项目，设置完后点击“保存”按钮。

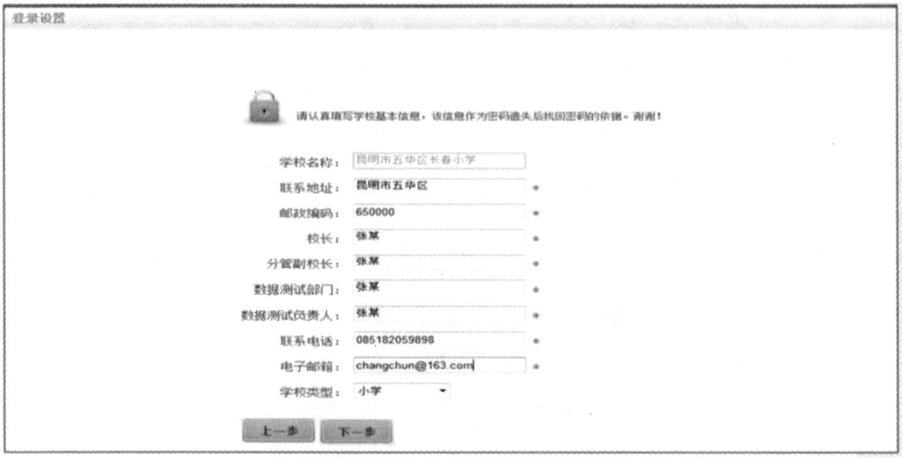

图 6-35　机构基本信息

年级	性别	必测项	选测项1	选测项2	选测项3
小学一年级	男	身高、体重、50米跑、坐位体前屈、一分钟跳绳、视力			
	女	身高、体重、50米跑、坐位体前屈、一分钟跳绳、视力			
小学二年级	男	身高、体重、50米跑、坐位体前屈、一分钟跳绳、视力			
	女	身高、体重、50米跑、坐位体前屈、一分钟跳绳、视力			
小学三年级	男	身高、体重、50米跑、坐位体前屈、一分钟仰卧起坐、一分钟跳绳、视力			
	女	身高、体重、50米跑、坐位体前屈、一分钟仰卧起坐、一分钟跳绳、视力			
小学四年级	男	身高、体重、50米跑、坐位体前屈、一分钟仰卧起坐、一分钟跳绳、视力			
	女	身高、体重、50米跑、坐位体前屈、一分钟仰卧起坐、一分钟跳绳、视力			
小学五年级	男	身高、体重、肺活量、50米跑、坐位体前屈、一分钟仰卧起坐、一分钟跳绳、视力	50米×8往返跑		
	女	身高、体重、肺活量、50米跑、坐位体前屈、一分钟仰卧起坐、一分钟跳绳、视力	50米×8往返跑		
小学六年级	男	身高、体重、肺活量、50米跑、坐位体前屈、一分钟仰卧起坐、一分钟跳绳、视力	50米×8往返跑		
	女	身高、体重、肺活量、50米跑、坐位体前屈、一分钟仰卧起坐、一分钟跳绳、视力	50米×8往返跑		

上一步　保存

图 6-36　体测项目设置

（二）数据上报流程

数据上报流程如图 6-37 所示：第一步，学校基本信息设置；第二步，学生体质测试数据设置；第三步，学生体质测试数据上报。

2015 年开始，学生体质健康系统开始与全国中小学学籍信息管理系统及中职学籍信息管理系统进行数据同步。在这两个学籍系统中存在的学校，年级、班级信息，学生基本信息无需导入，学校只需在“学生体测数据管理”中下载“体测数据导入模板”，填写学生测试成绩即可进行上报工作。大学及

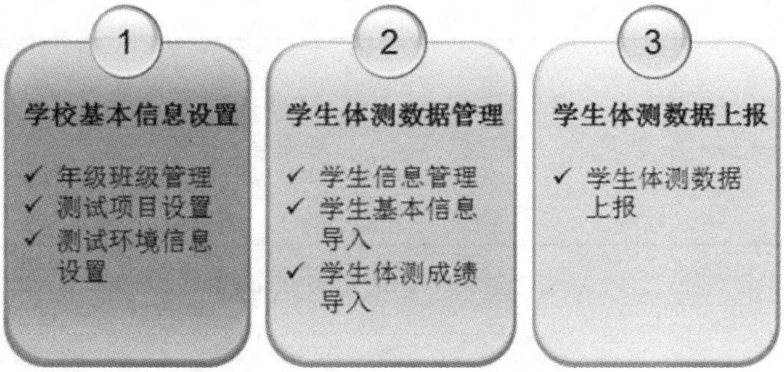

图 6-37　数据上报流程

学籍系统中不存在的学校或学生，按下述顺序依次导入信息。

1. 学校基本信息设置。

学校基本信息设置主要是设置学校信息、班级年级信息、测试项目等。

（1）年级班级管理。年级班级管理主要是维护学校的年级和班级信息，如图 6-38 所示。

图 6-38　年级班级管理列表页面

①新增年级。在年级班级管理列表页面，点击“新增年级”按钮，系统弹出新增年级页面，如图 6-39 所示。

选择年级名称，系统自动为该年级分配编号（如，选择小学二年级，年级编号为 12），年级编号见附录二。点击“继续添加”按钮，可一次添加多个

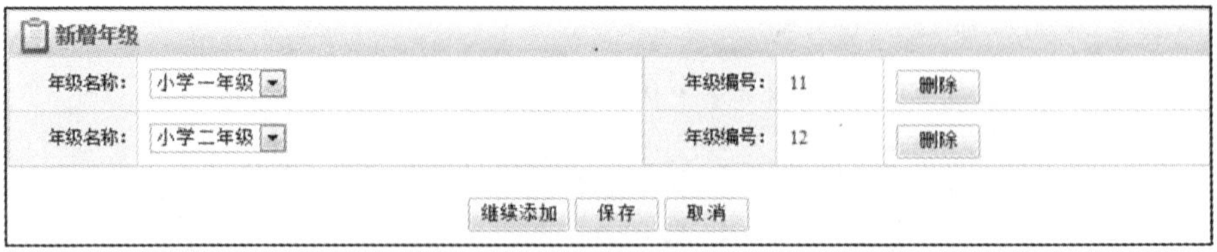

图 6-39　新增年级页面

年级，最后点击“保存”按钮，系统保存新增的年级信息，返回到列表页面，如果新增过程中存在输入错误等问题，系统会给出错误提示。

②查看年级。在年级班级管理列表页面的操作区域，点击“查看”链接，系统弹出页面显示该年级的年级信息。年级信息包含年级编号、年级名称。

③删除年级。此处注意：全国中小学学籍系统及中职学籍管理系统中存在的学校，年级、班级信息无法删除。在年级班级管理列表页面的操作区域，点击“删除”链接，系统弹出对删除操作的提示信息，点击“确定”按钮，该年级信息将被从系统中删除。如果删除的年级下有班级，系统将不允许删除，会提示“该年级下有班级，不可删除”。

④新增班级。本功能通过录入方式增加班级信息。在年级班级管理列表页面的操作区域，点击年级后的“新增班级”按钮（增加该年级下的班级），系统弹出新增班级页面，如图 6-40 所示。输入班级名称和班级编号，点击“继续添加”按钮，可一次添加多个班级，最后点击“保存”按钮，系统返回列表页面，如果新增过程中存在输入错误等问题，系统会给出错误提示。对输入项给出以下说明：输入框后带“ * ”的项为必填项；班级编号在本校不允许重复。

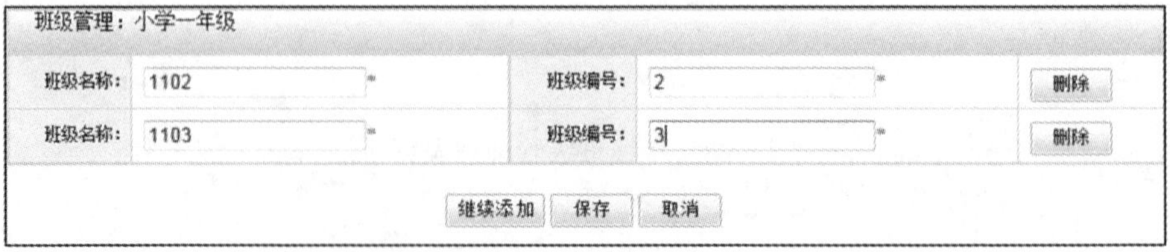

图 6-40　新增班级页面

⑤班级数据导入。本功能通过导入方式（将 Excel 表中的班级信息导入系统）增加班级信息。在年级班级管理列表页面，点击“班级数据导入”按钮，

系统弹出班级基本信息导入页面，如图 6-41 所示。

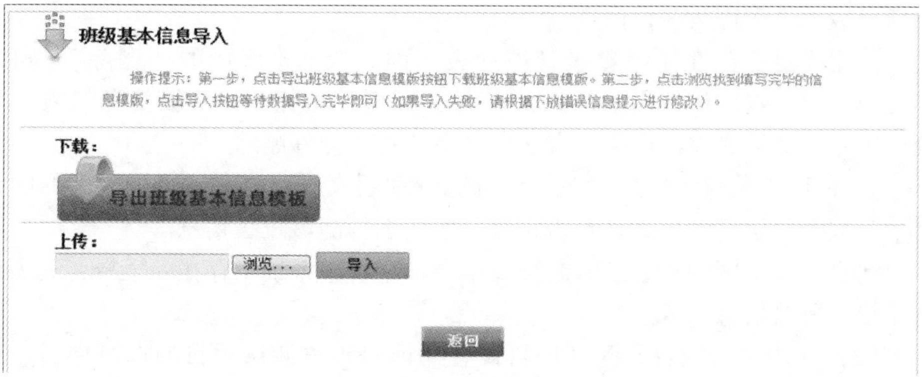

图 6-41　班级基本信息导入页面

步骤 1：下载模板。在班级基本信息导入页面，点击“导出班级基本信息模板”按钮，下载 Excel 模板保存到本地。

步骤 2：打开模板，输入各年级的班级信息，如图 6-42 所示。对输入项给出以下说明：年级编号、班级编号和班级名称都必须输入；年级编号不能随意填写，在系统中是固定的。用户可在年级班级管理列表页面可查看到年级编号，或者在附录二查看年级编码；班级编号可根据学校情况自动命名，但在本校内不允许重复；班级名称可根据学校情况自动命名。

A	B	C	D
年级编号	班级编号	班级名称	
11	1101	1	
11	1102	2	
11	1103	3	
12	1201	1	
12	1202	2	
12	1203	3	
13	1301	1	
13	1302	2	
13	1303	3	

图 6-42　输入班级信息的页面

步骤 3：上传班级信息。在班级基本信息导入页面，点击“浏览”按钮，选择输入班级信息的模板文件，点击“上传”按钮。系统验证 Excel 文件的格式信息，验证通过后并导入到系统，系统提示：“班级基本信息导入完成!”

⑥修改班级。在年级班级管理列表页面，点击班级后的“修改”链接，更新班级编号和班级名称信息。

⑦删除班级。在年级班级管理列表页面，点击班级后的“删除”链接，系统弹出对删除操作的提示信息，点击“确定”按钮，该班级信息将被从系统中删除。如果删除的班级下有学生，系统将不允许删除。

⑧展开/隐藏班级信息。在年级班级管理列表页面，点击年级前面的图标“”展开显示班级信息；点击年级前面的图标隐藏班级信息。

注意：在全国中小学学籍系统及中职学籍管理系统中存在的学校，无需进行年级、班级信息设置。

（2）测试项目设置。测试项目设置功能是设置测试项目的选测项目。点击菜单“学生基本信息设置”→“测试项目设置”，系统显示测试项目列表页面，如图 6-43 所示。

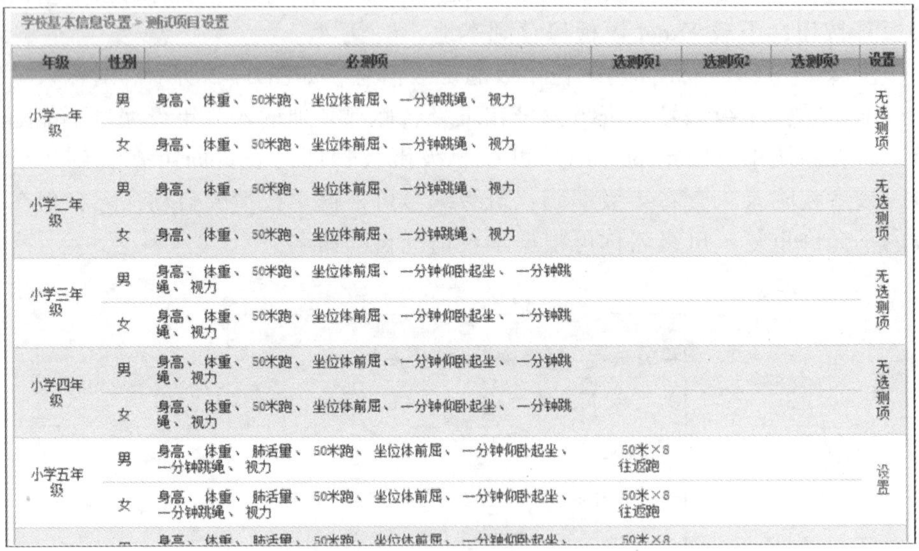

学校基本信息设置 > 测试项目设置

年级	性别	必测项	选测项1	选测项2	选测项3	设置
小学一年级	男	身高、体重、50米跑、坐位体前屈、一分钟跳绳、视力				无选测项
	女	身高、体重、50米跑、坐位体前屈、一分钟跳绳、视力				
小学二年级	男	身高、体重、50米跑、坐位体前屈、一分钟跳绳、视力				无选测项
	女	身高、体重、50米跑、坐位体前屈、一分钟跳绳、视力				
小学三年级	男	身高、体重、50米跑、坐位体前屈、一分钟仰卧起坐、一分钟跳绳、视力				无选测项
	女	身高、体重、50米跑、坐位体前屈、一分钟仰卧起坐、一分钟跳绳、视力				
小学四年级	男	身高、体重、50米跑、坐位体前屈、一分钟仰卧起坐、一分钟跳绳、视力				无选测项
	女	身高、体重、50米跑、坐位体前屈、一分钟仰卧起坐、一分钟跳绳、视力				
小学五年级	男	身高、体重、肺活量、50米跑、坐位体前屈、一分钟仰卧起坐、一分钟跳绳、视力	50米×8往返跑			设置
	女	身高、体重、肺活量、50米跑、坐位体前屈、一分钟仰卧起坐、一分钟跳绳、视力	50米×8往返跑			
	男	身高、体重、肺活量、50米跑、坐位体前屈、一分钟仰卧起坐、	50米×8			

图 6-43　测试项目设置页面

在测试项目列表页面，显示了本校各年级的必测项目和选测项目。必测项目是固定不可选择的，选测项目学校可根据实际情况选择。

点击“年级”后的“设置”，系统显示选测项目设置页面，如图 6-44 所示。在下拉列表选择测试项目，然后点击“保存”按钮。

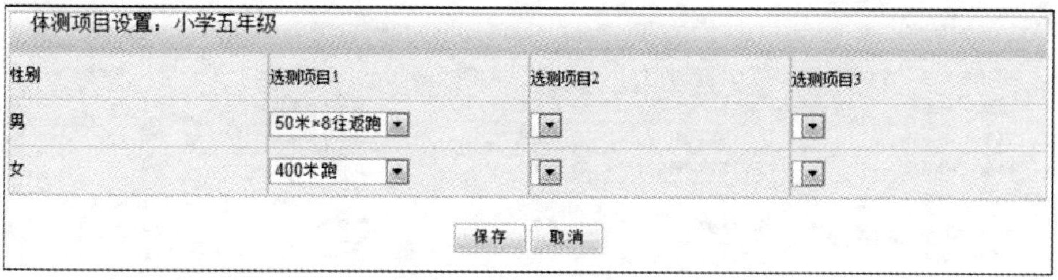

图 6-44　选测项目设置页面

注意：从 2014 年开始，测试项目为固定项目，不用选测。

（3）测试环境信息。该功能是维护各班级测试环境信息，如测试老师、测试时间、测试地点等信息。系统提供两种方式进行测试环境信息的采集。

点击菜单“学生基本信息设置”→“测试环境信息”，进入测试环境信息的主页面。

①手工录入。在测试环境信息的主页面，点击学校导航（如图 6-45 所示）中的班级节点，系统显示测试环境信息的录入页面，如图 6-46 所示。输入各测试项目测试老师、测试时间、测试地点等信息，然后点击“保存修改”按钮。注：测试时间的输入不能超过当前时间。

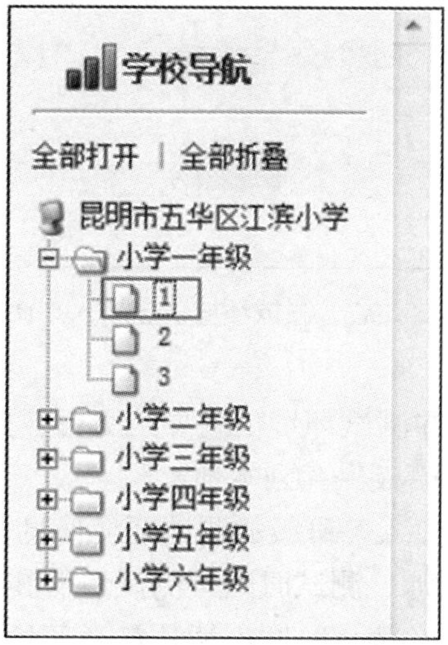

图 6-45　学校导航

图 6-46　测试环境录入页面

②模板导入。在测试环境信息的主页面，点击“模板导入”下的“模板导入”按钮，系统显示测试环境信息导入页面，如图 6-47 所示。

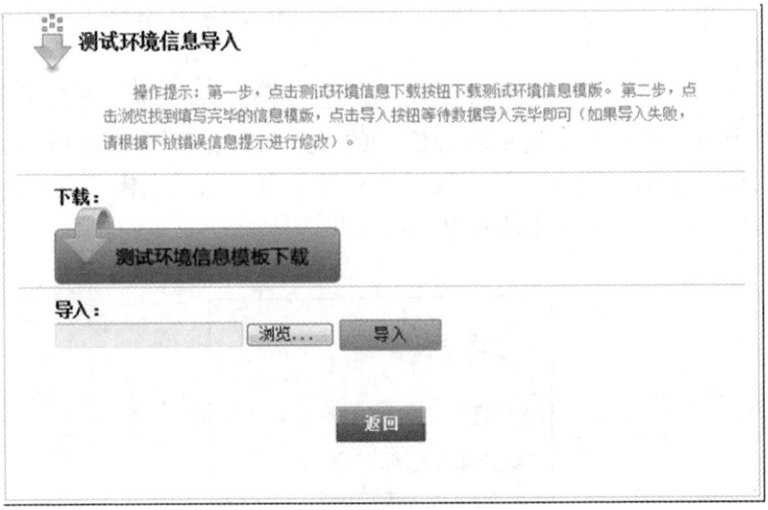

图 6-47　测试环境信息导入页面

步骤 1：下载模板。在测试环境信息导入页面，点击“测试环境信息模板下载”按钮，下载 Excel 模板保存到本地。

步骤 2：打开模板，输入各班级的测试环境信息，如图 6-48 所示。对输入项给出以下说明：测试老师、测试时间、测试地点和测试方法为必填项，测试仪器为选填项，不可空列；测试时间不能超过当前日期；年级、班号和班级的内容不可修改，以免导入失败。

步骤 3：上传测试环境信息。在测试环境信息导入页面，点击“浏览”按

	A	B	C	D	E	F	G	H	I
1	年级	班号	班级	项目名称	测试老师	测试时间	测试地点	测试器材	测试方式(手工/仪器)
2	11	1101	1	身高	张老师	2013/7/1	校医院	身高体重测量仪	仪器
3	11	1101	1	体重	张老师	2013/7/1	校医院	身高体重测量仪	仪器
4	11	1101	1	50米跑	张老师	2013/7/1	操场	秒表	仪器
5	11	1101	1	坐位体前屈	张老师	2013/7/1	操场	无	手工
6	11	1101	1	一分钟跳绳	张老师	2013/7/1	操场	跳绳	手工
7	11	1101	1	视力	张老师	2013/7/1	校医院	视力表	仪器

图 6-48　测试环境信息

钮，选择输入了测试环境信息的模板文件，点击“上传”按钮。系统验证 Excel 文件的格式信息，验证通过后并导入到系统，系统提示：“测试基本信息导入完成!”

（4）学校基本信息。学校基本信息主要是对本学校信息的维护，如图6-49所示。修改学校信息，点击“保存”按钮。即可更新学校信息。

图 6-49　学校基本信息

2. 学生体测数据管理

（1）学生信息管理。点击菜单“学生体测数据管理”→“学生信息管理”，系统显示学生信息管理的主页面，如图 6-50 所示。

①新增学生。在学生信息管理的主页面，点击“新增学生”按钮，系统显示新增学生信息页面，如图 6-51 所示。

输入学生所在年级、班级、学籍号、姓名等信息，最后点击“保存”按

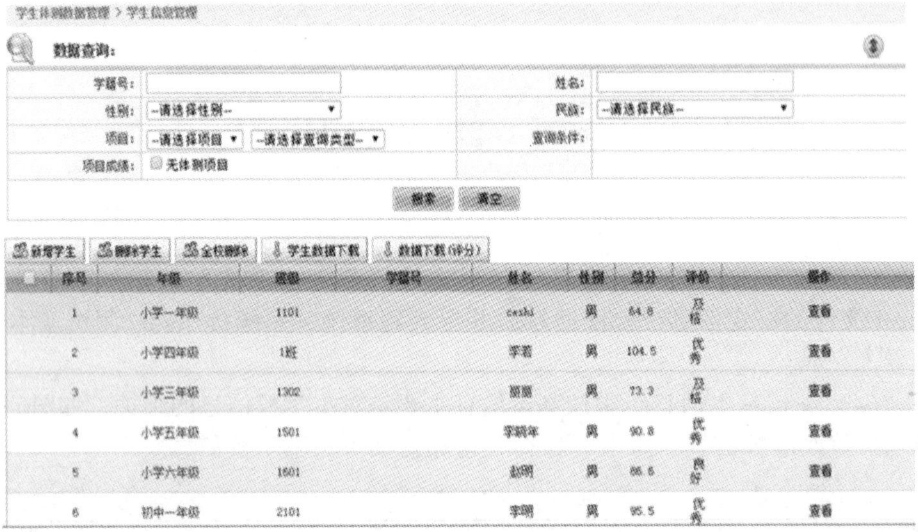

图 6-50　学生信息管理主页面

图 6-51　新增学生页面

钮，新增成功后，系统返回学生信息管理主页面。如果新增过程中存在输入错误等问题，系统会给出错误提示。

对部分输入项给出以下说明：输入框后带“＊”的为必填项，未标记“＊”的为选填项；学籍号在本校内不允许重复（学籍号请填写学生真实学籍号，系统将对学籍号规则进行校验）；身份证号是大学生必填项；学生来源是大学生必填项；通信地址即学生的联系地址。

②在学生信息管理的主页面，点击“学生数据下载”链接，下载学生的基本信息和体测成绩。

③编辑学生。在学生信息管理的主页面的学生列表区域，点击学生后的“编辑”链接，修改该学生的信息。

④删除学生。在学生信息管理的主页面的学生列表区域，点击学生后的“删除”链接，系统弹出对删除操作的提示信息，点击“确定”按钮，系统将删除该学生。

⑤批量删除学生。在学生信息管理的主页面，勾选需要删除的学生，点击“删除学生”按钮。

⑥班级调整。班级调整功能可对学生进行升级、降级和调班操作。在学生信息管理的主页面的学生列表区域，点击学生后的“班级调整”链接，系统弹出班级调整的页面，如图 6-52 所示。对于升级/降级/调班，选择班级，然后点击“班级调整”按钮，保存成功后，系统返回学生信息管理主页面。

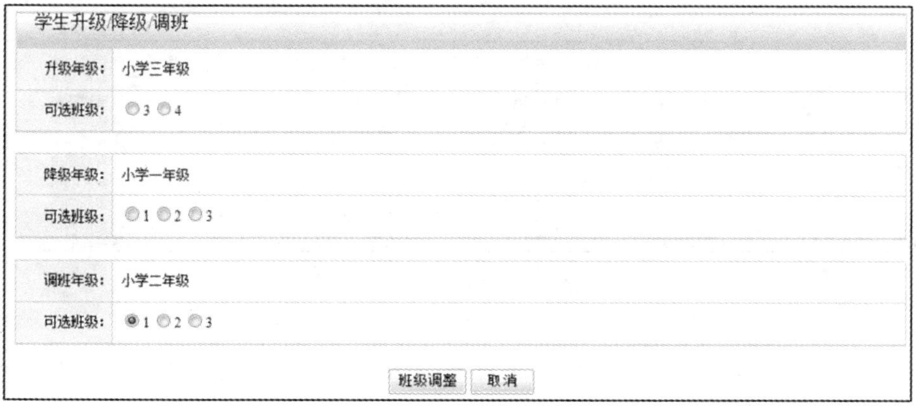

图 6-52　班级调整页面

（2）学生基本信息导入。学生基本信息导入，是系统提供的另外一种学生基本信息采集的方式。点击菜单“学生体测数据管理”→“学生基本信息导入”，系统显示学生基本信息导入页面，如图 6-53 所示。

步骤 1：下载模板。在学生基本信息导入页面，点击“导出学生基本信息模板”按钮，下载 Excel 模板并保存到本地。

步骤 2：打开模板，输入各班级的学生信息，如图 6-54 所示。对输入项给出以下说明：班号、班级、学生号、民族、姓名、性别、出生日期、家庭住址

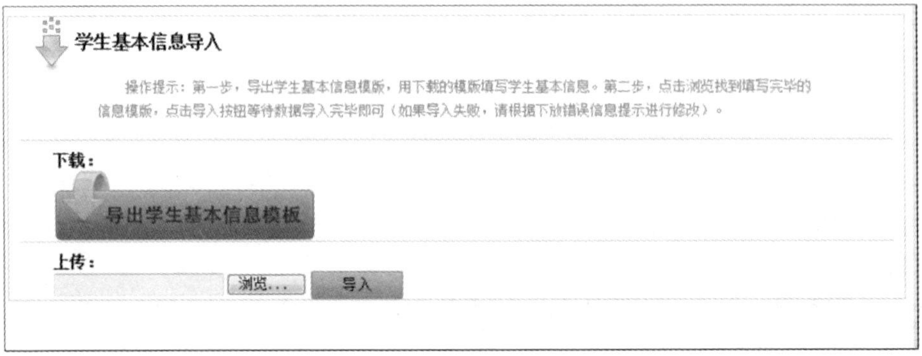

图 6-53　学生基本信息导入页面

为必填项，学生来源和身份证号只有大学生才是必填项；班号为本学校必须存在的编号，否则学生信息将不能导入到系统。学籍号在本校内不允许重复；民族代码见附录一；学生来源见附录二。

1	班号	班级	学号	民族代码	姓名	性别	出生日期	学生来源	身份证号	家庭住址
2	1101	1	1201210001	1	彭蕎辉	1	2006/05/01			云南省昆明市
3	1101	1	1201210002	1	梁晋铭	1	2006/05/02			云南省昆明市
4	1101	1	1201210003	1	徐海瑞	1	2006/05/03			云南省昆明市
5	1101	1	1201210004	1	杨胡凯骐	1	2006/05/04			云南省昆明市
6	1101	1	1201210005	1	叶卓立	1	2006/05/05			云南省昆明市
7	1101	1	1201210006	1	孙昊言	1	2006/05/06			云南省昆明市
8	1101	1	1201210007	34	蒋敏江	1	2006/05/07			云南省昆明市
9	1101	1	1201210008	1	尹洺	2	2006/05/08			云南省昆明市
10	1101	1	1201210009	1	栗可祥	1	2006/05/09			云南省昆明市

图 6-54　学生基本信息

步骤 3：上传学生基本信息。在学生基本信息导入页面，点击“浏览”按钮，选择输入了学生基本信息的模板文件，点击“导入”按钮。系统验证 Excel 文件的格式信息，验证通过并导入到系统后，系统提示：“学生基本信息导入完成！”

注意：全国中小学学籍信息管理系统及中职学籍信息管理系统中的学生基本信息不能修改且不可删除。

（3）学生体测成绩导入。点击菜单“学生体测数据管理”→“学生体测成绩导入”，系统显示体测成绩导入页面，如图 6-55 所示。

步骤 1：下载模板。选择体测模板，点击“下载”按钮，将 Excel 模板下载到本地。

步骤 2：按照 Excel 模板输入学生体测成绩，输入时需注意：下载模板中

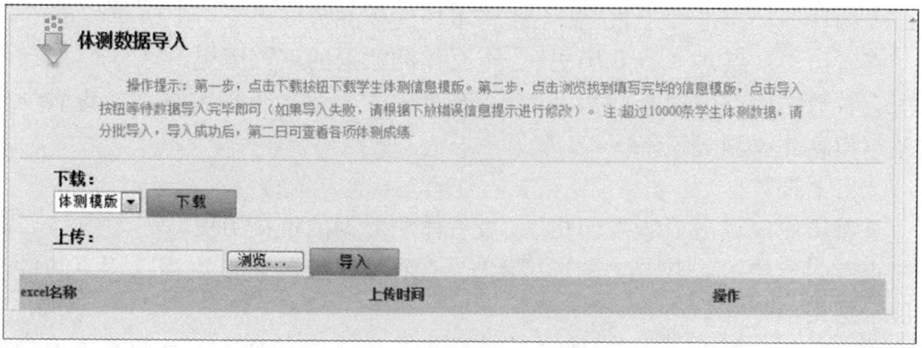

图 6-55　体测成绩导入页面

的学生基本信息是导出时带出的，对于学生基本信息不要随意修改，否则体测信息导入失败；各年级只需要输入本年级规定的测试项目成绩，不属于本年级的测试项目空白，不填写即可；学生体测成绩超过 1 万条的，请分批导入。

步骤 3：点击“浏览”按钮，选择输入信息的体测成绩模板，再点击“导入”按钮。如果文件中存在格式错误，系统会给出错误提示。

学生体测数据导成功后的第二天，用户可以在学生信息管理的主页面的列表区域查看到总分和评价。

3. 学生体测数据上报

（1）学生体测数据上报。学生体测数据上报主要是上报学校的体测数据、查看上报数据和审核历史。点击菜单“学生体测数据上报”，“学生体测数据上报”系统包含“待上报数据”和“已上报数据”。系统默认显示“待上报数据”。

①待上报数据。显示学校需要处理的上报任务，如图 6-56 所示，只有教育部下发了上报任务后，学校才可能看到需要处理的上报任务。

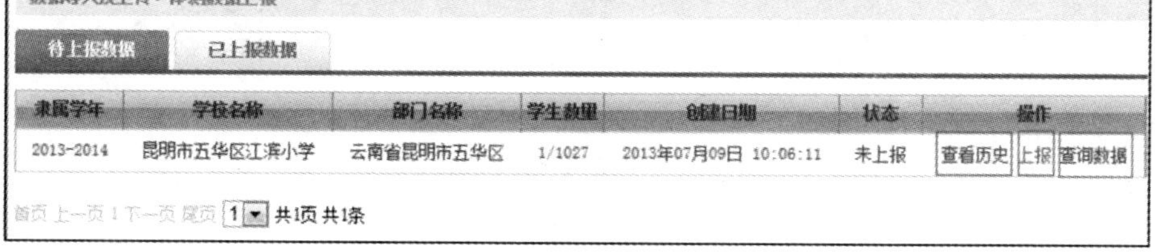

图 6-56　待上报数据列表页面

上报任务：点击“上报”，系统将本校的体测数据提交给上级单位审核。

查看历史：点击“查看历史”，查看体测数据的审核历史。

查看数据：点击“查询数据”，系统进入学生信息管理主页面，查看学生的基本信息和体测成绩。

②已上报数据。

查看历史：点击“查看历史”，查看体测数据的审核历史。

查看图形展示：点击“图形展示”，查看该学校的审核流程，用直观的图形展示给用户。

查看数据：点击“查询数据”，系统进入学生信息管理主页面，查看学生的基本信息和体测成绩。

撤回上报：省审核完成之前，学校可以随时撤回上报的体测数据。

点击“撤回”，提交撤回申请，只有最后一个审核通过的机构同意撤回申请，该上报任务才能被撤回。如，学校提交的体测数据市审核完成，省还未审核，只需要市同意撤回，上报任务即可被撤回到学校。

学校提交的体测数据，如果上级机构还未审核，学校提交撤回申请后，体测数据立即撤回给学校。

（2）数据上报状态查询。点击菜单“学生体测数据上报”→“数据上报状态查询”，系统显示所有任务的列表，如图 6-57 所示。

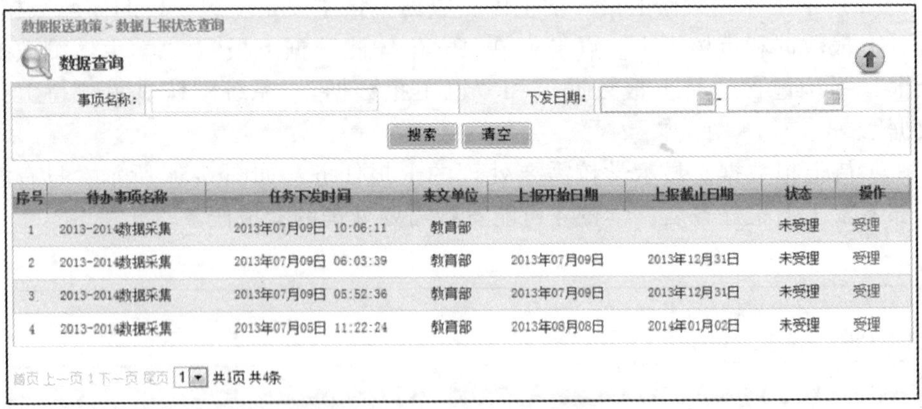

图 6-57　待办事项列表页面

在“数据上报状态查询”功能中，系统列出了该用户需要处理的所有任务以及所有任务的处理状态。

①查看任务状态。在列表页面，列表区域显示了所有任务的详细信息，包

含任务名称、任务下发时间、状态等信息。状态包含未受理和已受理。状态为“未受理”说明该任务需要处理，用户点击“受理”链接进入该任务所在功能的列表页面；状态为“已受理”说明该任务已经处理过。

②搜索任务。输入事项名称，选择下发日期的范围，点击搜索按钮，查询结果显示该日期范围内的所有任务。

（三）其他辅助功能

1. 标准解读

（1）测试项目。测试项目功能可查看教育部规定的测试项目。点击菜单“标准解读”→“测试项目”，系统显示查看教育部规定的测试项目，如图6-58所示。

图6-58　测试项目列表页面

（2）评分标准。评分标准显示国家颁布的学生体测相关标准。点击菜单“标准解读”→“评分标准”，系统显示评分标准列表页面，如图6-59所示。

（3）测试方法。测试方法功能显示教育部规定的测试方法。

点击菜单“标准解读”→“测试方法”，系统显示测试项目的列表页面，如图6-60所示。点击列表页面的“查看”链接，系统显示测试方法的详细信息，如测试目的、场地器材、测试方法、注意事项，如图6-61所示。

2. 数据报送政策

数据报送政策主要是学校查看教育部发布的政策文件和查询系统常见问题的解决办法。

（1）政策文件。在“政策文件”功能中，学校可以查看教育部发布的政

图 6-59　评分标准列表页面

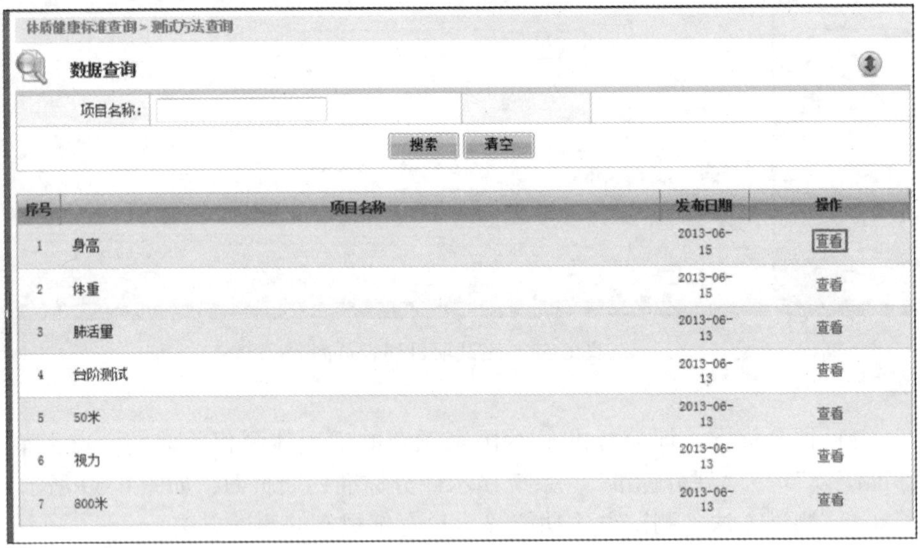

图 6-60　测试方法列表页面

策文件。点击菜单“数据报送政策”→“政策文件”，系统显示政策文件的列表，如图 6-62 所示。列表页面，“发布日期”是教育部发布文件的时间。

①查看文件。在列表页面，点击“查看”链接，系统弹出该文件的详细内容。

图 6-61　测试方法详细信息

图 6-62　政策文件列表页面

②搜索文件。在列表页面，输入标题、选择发布日期，点击“搜索”按钮，系统在列表区域显示查询结果。

(2) 数据报送常见问题。教育部将数据报送中常出现的问题进行总结归纳，并发布到系统中。学校如果在数据报送时遇到问题，可以在该区域搜索问题的解决方法。点击“数据报送政策”→“数据报送常见问题”，系统显示常见问题列表，如图 6-63 所示。

①搜索问题。在标题中输入问题的关键字，如“登录”，点击“搜索”按钮，系统会模糊查询出标题包含“登录”两个字的问题，在列表区域显示。

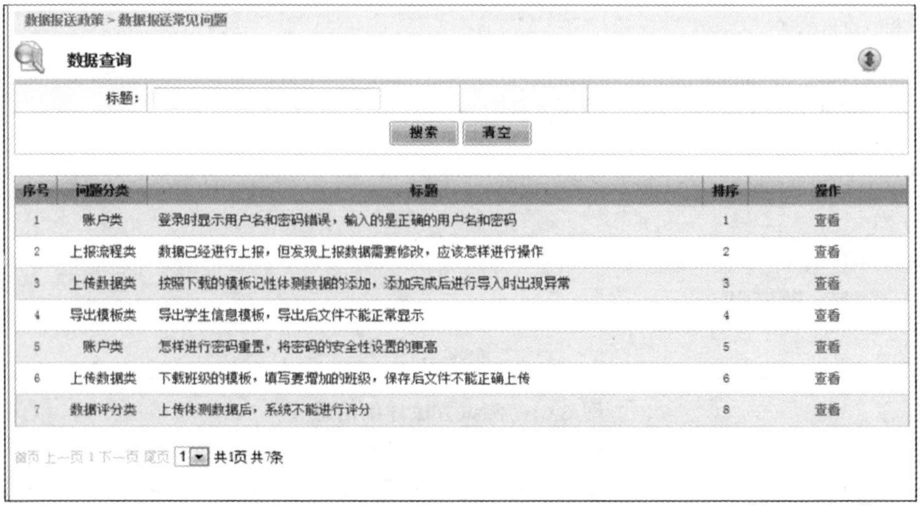

图 6-63　数据报送常见问题列表页面

查询结果按照排序编号由小到大排序。

②查看问题。用户搜索到满足条件的常见问题后，点击“查看”链接，系统显示该问题的解决方法。

③用户管理。通过该功能，学校用户可维护本学校的用户信息，执行修改密码操作。点击菜单“用户管理”，系统显示用户管理列表页面，如图 6-64 所示。

图 6-64　用户管理列表页面

④修改密码。这里的修改密码是指重置用户密码。在列表页面，点击用户操作区的“修改密码”，系统弹出修改密码界面，输入新密码和确认密码（两次密码必须一致），点击“保存”按钮。

(3) 统计分析。用户点击“统计分析”菜单，进行学校统计报表查询，如图 6-65。

图 6-65

注意：统计报表查询只支持 IE7、IE8、IE9、IE10、火狐浏览器 3. 5 及以上、谷歌浏览器 19 及以上、苹果浏览器 4 及 5，请使用以上浏览器进行查询。

报表清单：

①学生总体分年级、性别的各项目成绩样本数、平均值、标准差综合统计表。

②学生总体分年级、性别的样本数、平均得分统计表。

③学生总体分年级、性别的样本数、综合评定等级人数比例统计表。

④学生总体分年级、性别的身高标准体重评价等级表。

⑤学生总体分性别的各测试项目测试成绩的百分位数统计表。

⑥学生总体分性别的各测试项目评价等级的人数比例统计表。

（4）登记卡打印。登记卡打印，是将学生体测成绩及评分等级等数据，按照国家规定表格样式整理，提供在线打印及下载本地离线打印。如图 6-66 所示。

①按班级打印。以班级为单位，一次打印整个班级所有学生登记卡。如图 6-67 所示。

②按学生打印。以学生个人为单位，一次打印个人学生登记卡。如图6-68 所示。

③登记卡下载。将打印数据整理为 Word 文档，提供离线下载至本地功能。

④打印。直接进行在线打印。

图 6-66

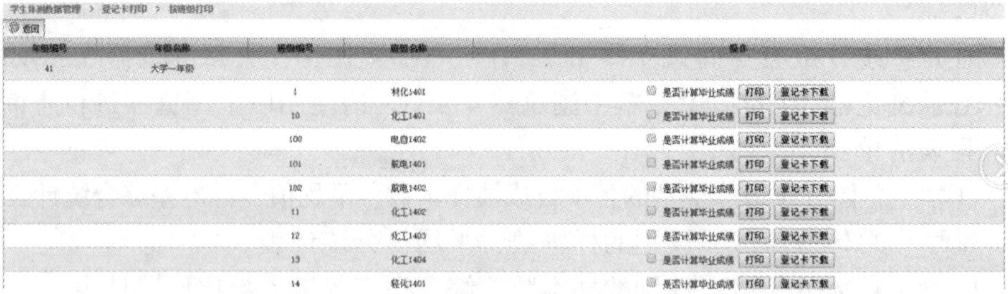

图 6-67

图 6-68

⑤是否计算毕业成绩。勾选此选项后，登记卡将计算学生个人的毕业成绩。

第七章　学生体质健康测试设备使用与维护

第一节　学生体质健康测试仪器使用注意事项

现场操作人员必须接受正规的上岗前培训，能够独立操作，同时注意以下事项。

（1）熟读《国家学生体质健康标准解读》。掌握各项目正确的测试方法是测试人员必须了解的内容，测试工作和使用的测试仪器有密不可分的关系。

（2）了解仪器的主要技术指标。只有在了解技术指标后，才能合理而安全地使用仪器，并使测量结果正确有效。

（3）熟悉仪器的使用方法和操作规范。在测试过程中，如违反仪器操作，不仅得不到正确的测试结果，还会引起争议。

（4）了解仪器结构和原理。这将有助于仪器的正确使用和测试结果的真实性。

第二节　学生体质健康测试仪器设备日常维护

设备的日常维护是由仪器的操作人员负责。操作员应会正确使用仪器，同时对设备进行检查、充电、清洁、紧固四个方面的维护。

（1）检查。操作员应对所管理设备的工作状况、测试参数、网络情况、传输速度、电池是否出现发胀和漏浆、不需工作仪器是否拔掉电源等进行检查。

（2）充电。首先检查设备的电量状况，电量过低需及时充电，电量较高的可估算能否完成当天测试。

（3）整洁。对设备及附属设备和周围环境进行清扫，保持其光泽，不留有死角。将测试现场的所有物品加以定置、定位，按照使用频率和目视化准则合理布置，摆放整齐。

（4）紧固。在检查中如果发现设备的非转动部位的紧固螺栓发生松动，要及时上紧固定。

第四篇

学生体质健康运动指导方案

第八章　学生体质健康运动指导方案体系

第一节　运动指导体系的建立

根据中小学生年龄及身体素质发展的敏感期，将其划分为五个阶段。

第一阶段为小学一、二年级（年龄为7~8岁），发展内容为灵敏素质、速度素质和柔韧素质；发展目标为掌握简单的发展灵敏、速度和柔韧素质的锻炼方法和手段。

第二阶段为小学三、四年级（年龄为9~10岁），发展内容为灵敏素质、速度素质、平衡素质、力量素质和柔韧素质，其中以灵敏素质、速度素质、柔韧素质为主；发展目标为掌握和学习复杂的发展灵敏、柔韧素质的锻炼方法和手段，注意逐渐增加练习强度，掌握和学习发展速度、平衡素质的锻炼方法和手段，初步掌握发展肌肉力量的简单的练习手段。

第三阶段为小学五、六年级（年龄为11~12岁），发展目标为掌握和学习复杂的发展灵敏、柔韧素质的锻炼方法和手段，注意逐渐增加练习强度；掌握和学习发展速度、平衡素质的锻炼方法和手段；初步掌握发展肌肉力量的简单的练习手段。

第四阶段为初中（年龄为13~15岁），发展内容为速度素质、平衡素质、耐力素质、力量素质和柔韧素质，其中，以速度素质、平衡素质、耐力素质和力量素质的练习为主；发展目标是能够进行高强度、大运动量的速度、平衡锻炼方案的练习，掌握以提高有氧耐力为主、无氧耐力为辅的训练方法，掌握力量素质的相关锻炼方法。

第五阶段为高中（年龄为16~18岁），发展内容为速度素质、平衡素质、耐力素质、力量素质和柔韧素质，其中以力量素质和耐力素质的练习为主，并兼顾其他素质的综合发展；发展总目标是能够从事大强度的力量练习和有氧、无氧耐力练习，在掌握各种力量、耐力练习形式的基础上，兼顾其他素质的练习。

第二节　运动指导方案的实施

一、学生运动指导训练方法介绍

从灵敏协调、速度、平衡、力量、耐力、柔韧等身体素质的角度介绍中小学生运动训练方法，每种身体素质的训练方法又分为徒手练习和器械练习。

二、学生运动指导方案的实施原则

（一）有效性原则

有效性原则要求运动指导的强度保持安全界限和有效界限。如为了提高柔韧素质，运动指导的强度必须达到能够改善柔韧性的有效强度，超过这个范围的上限，就可能出现运动损伤，这个强度或运动量界限称为安全界限。而达到这个范围的下限，才开始有效，称为有效界限。安全界限和有效界限之间，就是运动指导安全而有效的范围。对于儿童，运动指导的内容限制要多些，必须严格规定运动形式、强度、量及注意事项，随着年龄的增加，儿童的体质水平逐渐提升，可适当放宽限制。对于青少年，运动指导必须严格规定运动形式、强度、量及注意事项，随着年龄的增加，体质水平逐渐提升，强度和量可有所提升。

（二）渐进性原则

人体生理机能的提高是一个渐进的过程。如果长时间保持一种运动强度，只能维持原有的机能水平，不可能逐步有效地提高体质健康水平，如果突然进行一次大强度、长时间的运动，超出了能力范围，则有可能导致身体机能失调，使身体受到伤害，还会造成抵触心理，影响学生身心健康的发展。儿童的运动指导应根据儿童身体发育的特点，动作由易到难、由简到繁、由局部到全面发展，负荷和量渐进式增加（如5%左右），使儿童的运动能力逐渐提高。青少年的运动指导应根据其身体发育的特点，动作由易到难、由简到繁、由局部到全面发展，负荷和量渐进式增加（如5%~10%），使青少年的运动能力逐渐提高。

（三）个性化原则

运动指导必须因人而异，不能千篇一律。应根据每个人的年龄、性别、体质健康水平、心理特点等条件制订运动指导计划，并随时间和体质的提升而进行调整。可见一个安全有效的运动指导方案是个性化、动态变化的。

（四）平衡发展原则

为了全面发展身体机能，在制订运动指导计划时，必须要考虑运动指导的内容、锻炼方法和对不同部位的锻炼效果等。针对练习目标和身体的薄弱部位有针对性地实施运动指导，从而获得身体的全面、有效发展。

（五）安全性原则

制订运动指导计划必须保证安全性，要了解学生的身体状况及运动经历，必要时还应做相应的医学检查，确保锻炼在安全范围内进行。安全性原则包括三方面内容：一是负荷量在安全范围内；二是在锻炼过程中，身体活动幅度、技术动作的难易程度应在安全可控的范围内；三是锻炼场所、器材要确保安全。

（六）系统化原则

系统化原则是指在对学生实施运动指导时，必须针对其身体条件和素质情况进行长期、系统、连贯、有序的处方控制，以获得最佳的运动效果和指导效益。

（七）手段合理搭配原则

体育锻炼的手段方法多种多样，应针对学生的年龄、性别、兴趣爱好等特点将锻炼方式进行合理组合。另外，要注意相互之间存在负面影响的练习方法，如提高力量素质和柔韧性素质的方法紧密相接，会使练习效果大打折扣。

第九章　学生体质健康运动指导方案细则

第一节　小学一、二年级学生运动指导方案

一、体质健康水平为优秀的学生运动指导方案

（一）练习目标

小学一、二年级体质健康水平为优秀的学生主要发展灵敏素质、速度素质和柔韧素质，除了掌握基本的运动能力和保持优秀的体质健康水平外，可试图将各单项评分等级达到优秀，体质测试的总分突破100分，并获取更多的附加分。运动指导时练习比重分别为40%、30%、30%。

（二）练习内容

表9-1　小学一、二年级体质健康水平为优秀的学生运动指导方案示例周练习计划

	周一	周三	周五
灵敏素质	听口令做动作 做不习惯方向的动作 单人、双人跳绳	徒手操练习 单脚、双脚盘踢毽球	听口令做动作 做不习惯方向的动作 单人、双人跳绳
速度素质	软梯练习 —双足跳 —单足交替跳 —开合跳	站立式起跑 变向跑 20~30米迎面接力跑 模仿各种动物跳	软梯练习 —双足跳（转体180度） —单足交替跳 —开合跳
柔韧素质	静力性牵伸	静力性牵伸	静力性牵伸

表 9-2 **小学一、二年级体质健康水平为优秀的学生运动指导方案示例课练习计划**

	练习动作	练习组数	练习次数	练习时间	练习强度
关节热身	颈部屈伸 扩胸运动 体侧运动 体转运动 附背运动 弓步压腿 腕踝环转运动	4 组	8 个	10 分钟	55%HRmax
灵敏素质	听口令做动作 做不习惯方向的动作 单人、双人跳绳	3 组		10 分钟	65%HRR
游戏	贴人游戏			10 分钟	60%HRR
速度素质	双足跳 单足交替跳 开合跳	3 组		5 分钟	70%HRR
柔韧素质	项部牵拉 颈部牵伸 颈部直臂牵伸 双臂上举 手指对压练习 手指交叉反压练习 腰部牵拉 蝴蝶式牵伸、劈叉、横叉		3 次，每次停留 5~10 秒	5 分钟	55%HRR

（三）注意事项

该类学生在动作选择上可结合自身特点选择难度较高的动作，负荷量的增加必须贯彻循序渐进的原则，并随时间和体质的提升而进行调整。

二、体质健康水平为良好的学生运动指导方案

（一）练习目标

小学一、二年级体质健康水平为良好的学生主要发展灵敏素质、速度素质和柔韧素质，除了掌握基本的运动能力和保持良好的体质健康水平外，可试图将各单项评分等级达到良好以上，体质测试总分评价等级达到优秀。运动指导

时练习比重分别为 35%~40%、30%~35%、35%~40%。

（二）练习内容

表 9-3　**小学一、二年级体质健康水平为良好的学生运动指导方案示例课练习计划**

	练习动作	练习组数	练习次数	练习时间	练习强度
关节热身	颈部屈伸 扩胸运动 体侧运动 体转运动 附背运动 弓步压腿 腕踝环转运动	4 组	8 个	10 分钟	55%HRmax
灵敏素质	听口令做动作 做不习惯方向的动作 单人、双人跳绳	3 组		10 分钟	65%HRR
游戏	贴人游戏			10 分钟	60%HRR
速度素质	双足跳 单足交替跳 开合跳	3 组		5 分钟	70%HRR
柔韧素质	项部牵拉 颈部牵伸 颈部直臂牵伸 双臂上举 手指对压练习 手指交叉反压练习 腰部牵拉 蝴蝶式牵伸、劈叉、横叉		3 次，每次停留 5~10 秒	5 分钟	55%HRR

（三）注意事项

该类学生在动作选择上可结合自身特点选择难度较高的动作，负荷量的增加必须贯彻循序渐进的原则，并随时间和体质的提升而进行调整。

三、体质健康水平为及格的学生运动指导方案

（一）练习目标

小学一、二年级体质健康水平为及格的学生主要发展灵敏素质、速度素质

和柔韧素质，除了掌握基本的运动能力和保持良好的体质健康水平外，可试图将各单项评分等级达到及格以上，体质测试总分评价等级达到良好及以上。运动指导时练习比重分别为35%~40%、30%~35%、35%~40%。

（二）练习内容

表9-4 小学一、二年级体质健康水平为及格的学生运动指导方案示例周练习计划

	周一	周三	周五
灵敏素质	听口令做动作 做不习惯方向的动作 单人跳绳	徒手操练习 单脚盘踢毽球	听口令做动作 做不习惯方向的动作 单人跳绳
速度素质	软梯练习 —连续双足跳 —单足交替跳 —开合跳	20~30米迎面接力跑 模仿各种动物跳	起动跑 翻手游戏 听信号追逐游戏
柔韧素质	静力性牵伸	静力性牵伸	静力性牵伸

表9-5 小学一、二年级体质健康水平为及格的学生运动指导方案示例课练习计划

	练习动作	练习组数	练习次数	练习时间	练习强度
关节热身	颈部屈伸 扩胸运动 体侧运动 体转运动 附背运动 弓步压腿 腕踝环转运动	4组	8个	10分钟	55%HRR
灵敏素质	听口令做动作 做不习惯方向的动作 单人跳绳	3组		10分钟	60%HRR
游戏	老鹰捉小鸡			10分钟	60%HRR
速度素质	连续双足跳 单足交替跳 开合跳	3组		5分钟	70%HRR

续表

	练习动作	练习组数	练习次数	练习时间	练习强度
柔韧素质	项部牵拉 颈部牵伸 颈部直臂牵伸 双臂上举 手指对压练习 手指交叉反压练习 腰部牵拉 劈叉、横叉		3 次，每次停留 5~10 秒	5 分钟	55%HRR

（三）注意事项

该类学生要针对自己的弱项进行练习，负荷量、身体活动幅度、技术动作的难易程度应在安全可控的范围内，随时间和体质的提升进行调整。

四、体质健康水平为不及格的学生运动指导方案

（一）练习目标

小学一、二年级体质健康水平为不及格的学生主要发展灵敏素质、速度素质和柔韧素质，要掌握基本的运动能力，试图将各单项评分等级达到及格以上，体质测试总分评价等级达到及格及以上。运动指导时练习比重分别为35%~40%、30%~35%、35%~40%。

（二）练习内容

表 9-6　**小学一、二年级体质健康水平为不及格的学生运动指导方案示例周练习计划**

	周一	周三	周五
灵敏素质	听口令做动作 做不习惯方向的动作 单人跳绳	徒手操练习 单脚盘踢毽球	听口令做动作 做不习惯方向的动作 单人跳
速度素质	软梯练习 连续双足跳 单足交替跳 开合跳	20~30 米迎面接力跑 模仿各种动物跳	起动跑 翻手游戏 听信号追逐游戏
柔韧素质	静力性牵伸	静力性牵伸	静力性牵伸

表 9-7　**小学一、二年级体质健康水平为不及格的学生运动指导方案示例课练习计划**

	练习动作	练习组数	练习次数	练习时间	练习强度
关节热身	颈部屈伸 扩胸运动 体侧运动 体转运动 附背运动 弓步压腿 腕踝环转运动	4 组	8 个	10 分钟	55%HRR
灵敏素质	听口令做动作 做不习惯方向的动作 单人跳绳	3 组		10 分钟	60%HRR
游戏	老鹰捉小鸡			10 分钟	60%HRR
速度素质	连续双足跳 单足交替跳 开合跳	3 组		5 分钟	70%HRR
柔韧素质	项部牵拉 颈部牵伸 颈部直臂牵伸 双臂上举 手指对压练习 手指交叉反压练习 腰部牵拉 劈叉、横叉		3 次，每次停留 5~10 秒	5 分钟	55%HRR

（三）注意事项

该类学生要针对自己的弱项进行针对性练习，负荷量、身体活动幅度、技术动作的难易程度应在安全可控的范围内，随时间和体质的提升进行调整。整个练习过程需要有体育教师或体育指导员的保护。

第二节　小学三、四年级学生运动指导方案

一、体质健康水平为优秀的学生运动指导方案

（一）练习目标

小学三、四年级体质健康水平为优秀的学生需要发展灵敏素质、速度素

质、平衡素质、力量素质和柔韧素质，除了有效提高灵敏、协调、速度、柔韧素质和保持优秀的体质健康水平外，可试图将各单项评分等级达到优秀，体质测试的总分突破100分，并获取更多的附加分。运动指导时各项身体素质的练习比重分别为30%~35%、30%、5%、5%、25%~30%。

（二）练习内容

表9-8　**小学三、四年级体质健康水平为优秀的学生的运动指导方案示例周练习计划**

	周一	周三	周五
灵敏素质（30%~35%）	听口令做动作 做不习惯方向的动作 单人、双人跳绳	徒手操练习 单脚、双脚的盘踢毽球 单脚、双脚的拐踢毽球 小栏架练习 —正向双足稳定跳 —正向双足连续跳 —高抬腿跑练习	软梯练习 —双足跳（转体180度） —开合跳 —单脚跳+双脚跳（左右位） —单脚跳+双脚跳（前后位）
速度素质（30%）	软梯练习 —双足跳 —单足交替跳 —开合跳	站立式起跑 变向跑 20~30米迎面接力跑 模仿各种动物跳	反应球 —移动抛接球练习 —单人落球接球 —对墙掷球
平衡素质（5%）	瑞士球 —球上本体感觉 —四肢平衡	博速球 —跪坐手触底平衡 —跪坐平衡 —直立登山步 —半蹲两臂前平举	闭眼单脚站立
力量素质（5%）	仰卧举腿 仰卧臀上提 跪姿俯卧撑		
柔韧素质（25%~30%）	静力性牵伸	静力性牵伸	静力性牵伸

表 9-9　小学三、四年级体质健康水平为优秀的学生的运动指导方案示例课练习计划

	练习内容	练习组数	练习次数	练习时间	练习强度
关节热身	颈部屈伸 扩胸运动 体侧运动 体转运动 附背运动 弓步压腿 腕踝环转运动	2 组	8 个	5 分钟	55%HRR
灵敏素质	听口令做动作 做不习惯方向的动作 单人、双人跳绳	3~5 组		10 分钟	65%HRR
速度素质	双足跳 单足交替跳 开合跳	3~5 组		10 分钟	75%HRR
游戏	青蛙过河			5 分钟	70%HRR
平衡素质	瑞士球 —球上本体感觉 —四肢平衡		3~5 次， 持续 10~20 秒	5 分钟	60%HRR
力量素质	仰卧举腿 仰卧臀上提 跪姿俯卧撑	3 组	10~20 次	5 分钟	60%HRR
柔韧素质	项部牵拉 颈部牵伸 颈部直臂牵伸 双臂上举 腰部牵拉 臀部牵伸 蝴蝶式牵伸 劈叉、横叉		3 次，每次停留 15~20 秒	5 分钟	60%HRR

（三）注意事项

该类学生在动作选择上可结合自身特点选择难度较高的动作，负荷量的增加必须遵循循序渐进的原则，并随时间和体质的提升而进行调整。

二、体质健康水平为良好的学生运动指导方案

（一）练习目标

小学三、四年级体质健康水平为良好的学生需要发展灵敏素质、速度素质、平衡素质、力量素质和柔韧素质，除了有效提高灵敏、协调、速度、柔韧素质和保持良好的体质健康水平外，可试图将各单项评分等级达到良好以上，体质测试总分评价等级达到优秀。运动指导时练习比重分别为30%～35%、30%～35%、5%、5%、25%～30%。

（二）练习内容

表9-10 **小学三、四年级体质健康水平为良好的学生的运动指导方案示例周练习计划**

	周一	周三	周五
灵敏素质（30%～35%）	听口令做动作 做不习惯方向的动作 单人、双人跳绳	徒手操练习 单脚、双脚的盘踢毽球 单脚、双脚的拐踢毽球 小栏架练习 —正向双足稳定跳 —正向双足连续跳 —高抬腿跑练习	软梯练习 —双足跳（转体180度） —开合跳 —单脚跳+双脚跳（左右位） —单脚跳+双脚跳（前后位）
速度素质（30%～35%）	软梯练习 —双足跳 —单足交替跳 —开合跳	站立式起跑 变向跑 20～30米迎面接力跑 模仿各种动物跳	反应球 —移动抛接球练习 —单人落球接球 —对墙掷球
平衡素质（5%）	瑞士球 —球上本体感觉 —四肢平衡	博速球 —跪坐手触底平衡 —跪坐平衡 —直立登山步 —半蹲两臂前平举	闭眼单脚站立
力量素质（5%）	仰卧举腿 仰卧臀上提 跪姿俯卧撑		
柔韧素质（25%～30%）	静力性牵伸	静力性牵伸	静力性牵伸

表 9-11　**小学三、四年级体质健康水平为良好的学生的运动指导方案示例课练习计划**

	练习内容	练习组数	练习次数	练习时间	练习强度
关节热身	颈部屈伸 扩胸运动 体侧运动 体转运动 附背运动 弓步压腿 腕踝环转运动	2 组	8 个	5 分钟	55%HRR
灵敏素质	听口令做动作 做不习惯方向的动作 单人、双人跳绳	3~5 组		10 分钟	65%HRR
速度素质	双足跳 单足交替跳 开合跳	3~5 组		10 分钟	75%HRR
游戏	青蛙过河			5 分钟	70%HRR
平衡素质	瑞士球 —球上本体感觉 —四肢平衡		3~5 次，持续 10~15 秒	5 分钟	60%HRR
力量素质	仰卧举腿 仰卧臀上提 跪姿俯卧撑	3 组	10~15 次	5 分钟	60%HRR
柔韧素质	项部牵拉 颈部牵伸 颈部直臂牵伸 双臂上举 腰部牵拉 臀部牵伸 蝴蝶式牵伸 劈叉、横叉		3 次，每次停留 15~20 秒	5 分钟	60%HRR

（三）注意事项

该类学生在动作选择上可结合自身特点选择难度不同的动作，负荷量的增加必须遵循循序渐进的原则，并随时间和体质的提升而进行调整。

三、体质健康水平为及格的学生运动指导方案

（一）练习目标

小学三、四年级体质健康水平为及格的学生需要发展灵敏素质、速度素质、平衡素质、力量素质和柔韧素质，除了有效提高灵敏、协调、速度、柔韧素质和保持良好的体质健康水平外，可试图将各单项评分等级达到及格以上，体质测试总分评价等级达到良好及以上。运动指导时练习比重分别为30%～35%、30%～35%、5%、5%、25%～30%。

（二）练习内容

表9-12　**小学三、四年级体质健康水平为及格的学生的运动指导方案示例周练习计划**

	周一	周三	周五
灵敏素质 （30%～35%）	听口令做动作 做不习惯方向的动作 单人、双人跳绳	徒手操练习 单脚盘踢、拐踢毽球 小栏架练习 —正向双足稳定跳 —正向双足垫步跳	软梯练习 —双足跳（转体180度） —单足交替跳 —开合跳 —单脚跳+双脚跳（左右位） —单脚跳+双脚跳（前后位）
速度素质 （30%～35%）	软梯练习 —双足跳 —单足交替跳 —开合跳	站立式起跑 变向跑 20～30米迎面接力跑 模仿各种动物跳	反应球 —移动抛接球练习 单人落球接球
平衡素质 （5%）	瑞士球 —球上本体感觉 —四肢平衡	博速球 —跪坐手触底平衡 —跪坐平衡 —直立登山步	闭眼单脚站立
力量素质 （5%）	仰卧起坐 跪姿俯卧撑 原地蹲起		
柔韧素质 （25%～30%）	静力性牵伸	静力性牵伸	静力性牵伸

表 9-13　**小学三、四年级体质健康水平为及格的学生的运动指导方案示例课练习计划**

	练习内容	练习组数	练习次数	练习时间	练习强度
关节热身	颈部屈伸 扩胸运动 体侧运动 体转运动 附背运动 弓步压腿 腕踝环转运动	2 组	8 个	5 分钟	55%HRR
灵敏素质	听口令做动作 做不习惯方向的动作 单人、双人跳绳	3~5 组		10 分钟	65%HRR
速度素质	双足跳 单足交替跳 开合跳	3~5 组		5 分钟	75%HRR
游戏	青蛙过河			10 分钟	70%HRR
平衡素质	瑞士球 —球上本体感觉 —四肢平衡		3~5 次， 持续 5~10 秒	5 分钟	60%HRR
力量素质	仰卧起坐 跪姿俯卧撑 原地蹲起	3 组	10~15 次	5 分钟	60%HRR
柔韧素质	项部牵拉 颈部牵伸 颈部直臂牵伸 双臂上举 手指对压练习 手指交叉反压练习 腰部牵拉 蝴蝶式牵伸 劈叉、横叉		3 次，每次停留 15~20 秒	5 分钟	60%HRR

（三）注意事项

该类学生要针对自己的弱项进行练习，负荷量、身体活动幅度、技术动作的难易程度应在安全可控的范围内，随时间和体质的提升进行调整。

四、体质健康水平为不及格的学生运动指导方案

（一）练习目标

小学三、四年级体质健康水平为不及格的学生需要发展灵敏素质、速度素质、平衡素质、力量素质和柔韧素质，除了有效提高灵敏、协调、速度、柔韧素质外，要试图将各单项评分等级达到及格以上，体质测试总分评价等级达到及格及以上。运动指导时练习比重分别为30%~35%、30%~35%、5%、5%、25%~30%。

（二）练习内容

表9-14　**小学三、四年级体质健康水平为不及格的学生的运动指导方案示例周练习计划**

	周一	周三	周五
灵敏素质（30%~35%）	听口令做动作 做不习惯方向的动作 单人、双人跳绳	徒手操练习 单脚盘踢、拐踢毽球 小栏架练习 —正向双足稳定跳 —正向双足垫步跳	软梯练习 —双足跳（转体180度） —单足交替跳 —开合跳 —单脚跳+双脚跳（左右位） —单脚跳+双脚跳（前后位）
速度素质（30%~35%）	软梯练习 —双足跳 —单足交替跳 —开合跳	站立式起跑 变向跑 20~30米迎面接力跑 模仿各种动物跳	反应球 —移动抛接球练习 单人落球接球
平衡素质（5%）	瑞士球 —球上本体感觉 —四肢平衡	博速球 —跪坐手触底平衡 —跪坐平衡 —直立登山步	
力量素质（5%）	仰卧起坐 跪姿俯卧撑 原地蹲起		
柔韧素质（25%~30%）	静力性牵伸	静力性牵伸	静力性牵伸

表 9-15　　**小学三、四年级体质健康水平为不及格的学生的运动指导方案示例课练习计划**

	练习内容	练习组数	练习次数	练习时间	练习强度
关节热身	颈部屈伸 扩胸运动 体侧运动 体转运动 附背运动 弓步压腿 腕踝环转运动	2 组	8 个	5 分钟	55%HRR
灵敏素质	听口令做动作 做不习惯方向的动作 单人、双人跳绳	2~5 组		10 分钟	65%HRR
速度素质	双足跳 单足交替跳 开合跳	2~5 组		5 分钟	75%HRR
游戏	青蛙过河			10 分钟	70%HRR
平衡素质	瑞士球 —球上本体感觉 —四肢平衡		3~5 次，持续 5~10 秒	5 分钟	60%HRR
力量素质	仰卧起坐 跪姿俯卧撑 原地蹲起	2~3 组	10~15 次	5 分钟	60%HRR
柔韧素质	项部牵拉 颈部牵伸 颈部直臂牵伸 双臂上举 手指对压练习 手指交叉反压练习 腰部牵拉 蝴蝶式牵伸 劈叉、横叉		3 次，每次停留 15~20 秒	5 分钟	60%HRR

（三）注意事项

该类学生要针对自己的弱项进行针对性练习，负荷量、身体活动幅度、技术动作的难易程度应在安全可控的范围内，随时间和体质的提升进行调整。整个练习过程需要有体育教师或体育指导员的保护。

第三节　小学五、六年级学生运动指导方案

一、体质健康水平为优秀的学生运动指导方案

（一）练习目标

小学五、六年级体质健康水平为优秀的学生需要发展灵敏素质、速度素质、平衡素质、力量素质、耐力素质和柔韧素质，除了高效提高灵敏、协调、速度、柔韧素质，逐步发展力量、耐力素质，保持优秀的体质健康水平外，可试图将各单项评分等级达到优秀，体质测试的总分突破 100 分，并获取更多的附加分。运动指导时各项身体素质的练习比重分别为 15%～20%、30%、15%、15%～20%、5%、15%。

（二）练习内容

表 9-16　小学五、六年级体质健康水平为优秀的学生的运动指导方案示例周练习计划

	周一	周三	周五
灵敏素质 （15%～20%）	听口令做动作 做不习惯方向的动作 单人、双人、集体跳绳	徒手操练习 单脚、双脚的盘踢毽球 单脚、双脚的拐踢毽球 小栏架练习 —正向单足稳定跳 —正向单足连续跳 —侧向单足稳定跳 —侧向单足连续跳	软梯练习 —双足跳（间隔一格） —开合跳 —单脚跳+双脚跳（左右位） —单脚跳+双脚跳+开合跳（后退方式）
速度素质 （30%）	软梯练习 —双足跳 —单足交替跳 —开合跳	蹲踞式起跑 前滚翻起跑 20～30 米迎面接力跑 50 米跑	反应球 —移动抛接球练习 —单人落球接球 —对墙掷球

续表

	周一	周三	周五
平衡素质（15%）		闭眼单脚站立 燕式平衡 瑞士球 —球上本体感觉 —四肢平衡 —屈膝撑地俯卧撑	博速球 —跪坐平衡 —直立登山步 —半蹲两臂前平举 —直立蹲起 —半蹲转体
力量素质（15%~20%）	仰卧举腿 跪姿俯卧撑 原地蹲起		
耐力素质（5%）			3 分钟以上跳绳或 1 分钟立卧撑
柔韧素质（15%）	静力性牵伸	静力性牵伸	静力性牵伸

表 9-17 **小学五、六年级体质健康水平为优秀的学生的运动指导方案示例课练习计划**

	练习内容	练习组数	练习次数	练习时间	练习强度
关节热身	颈部屈伸 扩胸运动 体侧运动 体转运动 附背运动 弓步压腿 腕踝环转运动	2 组	8 个	5 分钟	55%HRR
灵敏素质	单脚、双脚的盘踢毽球 单脚、双脚的拐踢毽球 小栏架练习 —正向单足稳定跳 —正向单足连续跳 —侧向单足稳定跳 —侧向单足连续跳	3~5 组		10 分钟	70%HRR

续表

	练习内容	练习组数	练习次数	练习时间	练习强度
速度素质	蹲踞式起跑 前滚翻起跑 20~30 米迎面接力跑 50 米跑	3 组		10 分钟	75%HRR
游戏	冲过火力网			5 分钟	75%HRR
平衡素质	闭眼单脚站立 燕式平衡 瑞士球 —球上本体感觉 —四肢平衡 —仰卧双腿直线撑	3~5 组	3~5 次，每次保持 10~25 秒 10~15 次 保持 3~30 秒，进行 3~8 次，组次间歇 20~60 秒	10 分钟	60%HRR
柔韧素质	颈部直臂牵伸 双臂上举 肩部胸前牵伸 腰部牵拉 臀部牵伸 蝴蝶式牵伸 劈叉、横叉		3 次，每次停留 20~25 秒	5 分钟	60%HRR

（三）注意事项

该类学生在动作选择上可结合自身特点选择难度较高的动作，负荷量的增加必须遵循循序渐进的原则，并随时间和体质的提升而进行调整。

二、体质健康水平为良好的学生运动指导方案

（一）练习目标

小学五、六年级体质健康水平为优的学生需要发展灵敏素质、速度素质、平衡素质、力量素质、耐力素质和柔韧素质，除了高效提高灵敏、协调、速度、柔韧素质，逐步发展力量、耐力素质，保持良好的体质健康水平外，可试图将各单项评分等级达到良好以上，体质测试总分评价等级达到优秀。运动指导时练习比重分别为 15%~20%、30%、15%、15%~20%、5%、15%。

（二）练习内容

表 9-18　**小学五、六年级体质健康水平为良好的学生的运动指导方案示例周练习计划**

	周一	周三	周五
灵敏素质（15%~20%）	听口令做动作 做不习惯方向的动作 单人、双人、集体跳绳	徒手操练习 单脚、双脚的盘踢毽球 单脚、双脚的拐踢毽球 小栏架练习 —正向单足稳定跳 —正向单足连续跳 —侧向单足稳定跳 —侧向单足连续跳	软梯练习 —双足跳（间隔一格） —开合跳 —单脚跳+双脚跳（左右位） —单脚跳+双脚跳+开合跳（后退方式）
速度素质（30%）	软梯练习 —双足跳 —单足交替跳 —开合跳	蹲踞式起跑 前滚翻起跑 20~30 米迎面接力跑 50 米跑	反应球 —移动抛接球练习 —单人落球接球 —对墙掷球
平衡素质（15%）		闭眼单脚站立 燕式平衡 瑞士球 —球上本体感觉 —四肢平衡 —屈膝撑地俯卧撑	博速球 —跪坐平衡 —直立登山步 —半蹲两臂前平举 —直立蹲起 —半蹲转体
力量素质（15%~20%）	仰卧举腿 跪姿俯卧撑 原地蹲起		
耐力素质（5%）			3 分钟以上跳绳或 1 分钟立卧撑
柔韧素质（15%）	静力性牵伸	静力性牵伸	静力性牵伸

表 9-19　**小学五、六年级体质健康水平为良好的学生的运动指导方案示例课练习计划**

	练习内容	练习组数	练习次数	练习时间	练习强度
关节热身	颈部屈伸 扩胸运动 体侧运动 体转运动 附背运动 弓步压腿 腕踝环转运动	2 组	8 个	5 分钟	55%HRR
灵敏素质	单脚、双脚的盘踢毽球 单脚、双脚的拐踢毽球 小栏架练习 —正向单足稳定跳 —正向单足连续跳 —侧向单足稳定跳 —侧向单足连续跳	3~5 组		10 分钟	70%HRR
速度素质	蹲踞式起跑 前滚翻起跑 20~30 米迎面接力跑 50 米跑	3 组		10 分钟	75%HRR
游戏	冲过火力网			5 分钟	75%HRR
平衡素质	闭眼单脚站立 燕式平衡 瑞士球 —球上本体感觉 —四肢平衡 —仰卧双腿直线撑	3~5 组	3~5 次，每次保持 5~25 秒 10 次 保持 3~30 秒，进行 3~5 次，组次间歇 20~60 秒	10 分钟	60%HRR
柔韧素质	颈部直臂牵伸 双臂上举 肩部胸前牵伸 腰部牵拉 臀部牵伸 蝴蝶式牵伸 劈叉、横叉		3 次，每次停留 20~25 秒	5 分钟	60%HRR

（三）注意事项

该类学生在动作选择上可结合自身特点选择难度不同的动作，负荷量的增加必须遵循循序渐进的原则，并随时间和体质的提升而进行调整。

三、体质健康水平为及格的学生运动指导方案

（一）练习目标

小学五、六年级体质健康水平为及格的学生需要发展灵敏素质、速度素质、平衡素质、力量素质、耐力素质和柔韧素质，除了高效提高灵敏、协调、速度、柔韧素质，逐步发展力量、耐力素质，保持良好的体质健康水平外，可试图将各单项评分等级达到及格以上，体质测试总分评价等级达到良好及以上。运动指导时练习比重分别为15%~20%、30%、15%、15%~20%、5%、15%。

（二）练习内容

表9-20　小学五、六年级体质健康水平为及格的学生的运动指导方案示例周练习计划

	周一	周三	周五
灵敏素质 （15%~20%）	听口令做动作 做不习惯方向的动作 单人、双人、集体跳绳	徒手操练习 单脚、双脚的盘踢毽球 单脚、双脚的拐踢毽球 小栏架练习 —正向双足稳定跳 —正向双足连续跳 —正向单足稳定跳 —正向单足连续跳	软梯练习 —双足跳（间隔一格） —开合跳 —单脚跳+双脚跳（左右位） —单脚跳+双脚跳（前后位）
速度素质 （30%）	软梯练习 —双足跳 —单足交替跳 —开合跳	蹲踞式起跑 前滚翻起跑 20~30米迎面接力跑 50米跑	反应球 —移动抛接球练习 —单人落球接球 —对墙掷球
平衡素质 （15%）		闭眼单脚站立 燕式平衡 瑞士球 —球上本体感觉 —四肢平衡 —仰卧双腿直线撑	博速球 —跪坐手触底平衡 —跪坐平衡 —直立登山步 —半蹲两臂前平举

续表

	周一	周三	周五
力量素质（15%~20%）	仰卧举腿 跪姿俯卧撑 原地蹲起		
耐力素质（5%）			3 分钟以上跳绳或 1 分钟立卧撑
柔韧素质（15%）	静力性牵伸	静力性牵伸	静力性牵伸

表 9-21　**小学五、六年级体质健康水平为及格的学生的运动指导方案示例课练习计划**

	练习内容	练习组数	练习次数	练习时间	练习强度
关节热身	颈部屈伸 扩胸运动 体侧运动 体转运动 附背运动 弓步压腿 腕踝环转运动	2 组	8 个	5 分钟	55%HRR
灵敏素质	听口令做动作 做不习惯方向的动作 单人、双人、集体跳绳	3~5 组		10 分钟	70%HRR
速度素质	双足跳 单足交替跳 开合跳	3~5 组		10 分钟	75%HRR
游戏	冲过火力网			5 分钟	75%HRR
力量素质	仰卧举腿 跪姿俯卧撑 原地蹲起	3 组	10~20 次	10 分钟	65%HRR

续表

	练习内容	练习组数	练习次数	练习时间	练习强度
柔韧素质	颈部直臂牵伸 双臂上举 肩部胸前牵伸 腰部牵拉 臀部牵伸 蝴蝶式牵伸 劈叉、横叉		3 次，每次停留 20~25 秒	5 分钟	60%HRR

(三) 注意事项

该类学生要针对自己的弱项进行练习，负荷量、身体活动幅度、技术动作的难易程度应在安全可控的范围内，并随时间和体质的提升进行调整。

四、体质健康水平为不及格的学生运动指导方案

(一) 练习目标

小学五、六年级体质健康水平为优的学生需要发展灵敏素质、速度素质、平衡素质、力量素质、耐力素质和柔韧素质，除了高效提高灵敏、协调、速度、柔韧素质，逐步发展力量、耐力素质外，要试图将各单项评分等级达到及格以上，体质测试总分评价等级达到及格及以上。运动指导时，练习比重分别为 15%~20%、30%、15%、15%~20%、5%、15%。

(二) 练习内容

表 9-22　**小学五、六年级体质健康水平为不及格的学生的运动指导方案示例周练习计划**

	周一	周三	周五
灵敏素质 （15%~20%）	听口令做动作 做不习惯方向的动作 单人、双人、集体跳绳	徒手操练习 单脚、双脚的盘踢毽球 单脚、双脚的拐踢毽球 小栏架练习 —正向双足稳定跳 —正向双足连续跳 —正向单足稳定跳 —正向单足连续跳	软梯练习 —双足跳（间隔一格） —开合跳 —单脚跳+双脚跳（左右位） —单脚跳+双脚跳（前后位）

续表

	周一	周三	周五
速度素质 （30%）	软梯练习 —双足跳 —单足交替跳 —开合跳	蹲踞式起跑 前滚翻起跑 20~30 米迎面接力跑 50 米跑	反应球 —移动抛接球练习 —单人落球接球 —对墙掷球
平衡素质 （15%）		闭眼单脚站立 燕式平衡 瑞士球 —球上本体感觉 —四肢平衡	博速球 —跪坐手触底平衡 —跪坐平衡 —直立登山步 —半蹲两臂前平举
力量素质 （15%~20%）	仰卧举腿 跪姿俯卧撑 原地蹲起		
耐力素质 （5%）			3 分钟以上跳绳或 1 分钟立卧撑
柔韧素质 （15%）	静力性牵伸	静力性牵伸	静力性牵伸

表 9-23　小学五、六年级体质健康水平为不及格的学生的运动指导方案示例课练习计划

	练习内容	练习组数	练习次数	练习时间	练习强度
关节热身	颈部屈伸 扩胸运动 体侧运动 体转运动 附背运动 弓步压腿 腕踝环转运动	2 组	8 个	5 分钟	55%HRR
灵敏素质	听口令做动作 做不习惯方向的动作 单人、双人、集体跳绳	3~5 组		10 分钟	70%HRR
速度素质	双足跳 单足交替跳 开合跳	3~5 组		10 分钟	75%HRR

续表

	练习内容	练习组数	练习次数	练习时间	练习强度
游戏	冲过火力网			5 分钟	75%HRR
力量素质	仰卧举腿 跪姿俯卧撑 原地蹲起	3 组	5~20 次	10 分钟	65%HRR
柔韧素质	颈部直臂牵伸 双臂上举 肩部胸前牵伸 腰部牵拉 臀部牵伸 蝴蝶式牵伸 劈叉、横叉		3 次，每次停留 15~25 秒	5 分钟	60%HRR

（三）注意事项

该类学生要针对自己的弱项进行针对性练习，负荷量、身体活动幅度、技术动作的难易程度应在安全可控的范围内，并随时间和体质的提升进行调整。整个练习过程需要有体育教师或体育指导员的保护。

第四节　初中学生运动指导方案

一、体质健康水平为优秀的学生运动指导方案

（一）练习目标

初中体质健康水平为优秀的学生需要发展速度素质、平衡素质、力量素质、耐力素质和柔韧素质，除了高效发展力量、耐力素质，维持柔韧素质，保持优秀的体质健康水平外，可试图将各单项评分等级达到优秀，体质测试的总分突破 100 分，并获取更多的附加分。运动指导时各项身体素质的练习比重分别为 25%~30%、15%、30%~35%、25%~30%、5%~10%。

（二）练习内容（男生）

表 9-24　**初中体质健康水平为优秀的学生的运动指导方案示例周练习计划（男生）**

	周一	周三	周五
速度素质 （25%～30%）	软梯练习 —双足跳 —单足交替跳 —开合跳 反应球 —移动抛接球练习 —对墙掷球 —双人落球接球	小栏架练习 —正向单足稳定跳 —正向单足连续跳 —持实心球双足稳定蹬伸跳跃 —持实心球双足连续蹬伸跳跃	前滚翻起跑 高抬腿起跑 20～30 米迎面接力跑 50 米跑
力量素质 （30%～35%）	俯卧撑 平板支撑 引体向上 跳跃练习 —踢臀跳 —后踢腿跳（单腿） —台阶向上快弹跳 —后抛实心球		弹力带 —弹力带肘屈曲 —弹力带背后肘伸展 —弹力带俯身划船 —反向卷腹 —弹力带站姿抬腿
平衡素质 （15%）	博速球 —三点支撑伸展 —半蹲两臂前平举 —防守盖帽 —两人交力	闭眼单脚站立 瑞士球 —四肢平衡 —双手直臂斜支撑	
耐力素质 （25%～30%）		1000 米跑 中速往返跑 原地间歇高抬腿跑 连续跳起摸脚	小栏架练习 —正向双足稳定跳 —正向双足连续跳 —持实心球双足稳定蹬伸跳跃 —持实心球双足连续蹬伸跳跃
柔韧素质 （5%～10%）	静力性牵伸	静力性牵伸	静力性牵伸

表 9-25　**初中体质健康水平为优秀的学生的运动指导方案示例课练习计划（男生）**

	练习内容	练习组数	练习次数	练习时间	练习强度
关节热身	颈部屈伸 扩胸运动 体侧运动 体转运动 附背运动 弓步压腿 腕踝环转运动	2 组	4	5 分钟	55%HRR
速度素质	软梯练习 —双足跳 —单足交替跳 —开合跳 反应球 —移动抛接球练习 —对墙掷球 —双人落球接球	3~6 组		15 分钟	80%HRR
力量素质	俯卧撑 引体向上 平板支撑	3~5 组	10~30 个 3~5 次，保持 20~30 秒	10 分钟	75%HRR
	跳跃练习 —踢臀跳 —后踢腿跳（单腿） —台阶向上快弹跳 —后抛实心球	3 组	8~12 个，间歇 90 秒		
平衡素质	博速球 静态平衡 —三点支撑伸展 —半蹲两臂前平举		3~5 次，持续 10~40 秒，间歇 20~40 秒	10 分钟	65%HRR
	动态平衡 —防守盖帽 —两人交力	3~5 组，组间间歇 20~60 秒	15 个		

续表

	练习内容	练习组数	练习次数	练习时间	练习强度
柔韧素质	颈部直臂牵伸 双臂上举 肩部胸前牵伸 腰部牵拉 臀部牵伸 蝴蝶式牵伸 劈叉、横叉		3 次，每次停留 20~25 秒	5 分钟	60%HRR

（三）注意事项（男生）

（1）力量素质练习方法中的跳跃练习主要发展的是爆发力，即如果你的立定跳远成绩较差，则可通过跳跃练习来提高；俯卧撑、平板支撑等练习主要发展的是肌肉耐力，如果你的引体向上成绩较差，则可通过俯卧撑、平板支撑等发展肌肉耐力的练习来提高。

（2）耐力素质练习包括有氧耐力练习和无氧耐力练习，有氧耐力练习指长时间、低强度、无间歇的练习，有助于心肺和血液循环系统功能的提升，如果肺活量较差，则可通过有氧耐力的练习来提高；无氧耐力练习指较大强度、较短间歇时间的练习，如 1000 米跑、中速往返跑、原地间歇高抬腿跑等，如果 1000 米跑成绩较差，则可通过无氧耐力的练习来提高。

（3）初中的男生附加分项目为引体向上和 1000 米跑，因而可以通过增加肌肉耐力和无氧耐力练习的比例来提高附加分。

（4）该类学生在动作选择上可结合自身特点选择难度较高的动作，负荷量的增加必须遵循循序渐进的原则，并随时间和体质健康水平的提升而进行调整。

（四）练习内容（女生）

表 9-26　**初中体质健康水平为优秀的学生的运动指导方案示例周练习计划（女生）**

	周一	周三	周五
速度素质 （25%~30%）	软梯练习 —双足跳 —单足交替跳 —开合跳 反应球 —移动抛接球练习 —对墙掷球 —双人落球接球	小栏架练习 —正向单足稳定跳 —正向单足连续跳 —持实心球双足稳定蹬伸跳跃 —持实心球双足连续蹬伸跳跃	高抬腿起跑 倒退跑起跑 20~30 米迎面接力跑 50 米跑

续表

	周一	周三	周五
力量素质 （30%~35%）	跪姿俯卧撑 仰卧起坐 平板支撑 跳跃练习 —蹲跳 —高抬腿跳 —后抛实心球		弹力带 —弹力带肘屈曲 —弹力带背后肘伸展 —弹力带俯身划船 —直腿卷腹 —弹力带跪姿蹬腿
平衡素质 （15%）	博速球 —跪坐平衡 —半蹲两臂前平举 —直立登山步 —直立蹲起 —两人相互模仿	闭眼单脚站立 燕式平衡 瑞士球 —四肢平衡 —仰卧双腿直线撑	
耐力素质 （25%~30%）		800 米跑 原地间歇高抬腿跑 半蹲连续跳	小栏架练习 —正向双足稳定跳 —正向双足连续跳 —持实心球双足稳定蹬伸跳跃 —持实心球双足连续蹬伸跳跃
柔韧素质 （5%~10%）	静力性牵伸	静力性牵伸	静力性牵伸

表 9-27　**初中体质健康水平为优秀的学生的运动指导方案示例课练习计划（女生）**

	练习内容	练习组数	练习次数	练习时间	练习强度
关节热身	颈部屈伸 扩胸运动 体侧运动 体转运动 附背运动 弓步压腿 腕踝环转运动	2 组	8 个	5 分钟	55%HRR

续表

	练习内容	练习组数	练习次数	练习时间	练习强度
速度素质	软梯练习 —双足跳 —单足交替跳 —开合跳 反应球 —移动抛接球练习 —对墙掷球 —双人落球接球	3~5 组		15 分钟	75%HRR
力量素质	跪姿俯卧撑 仰卧起坐 平板支撑 跳跃练习 —蹲跳 —高抬腿跳 —后抛实心球	3~5 组 3 组	10~25 个 3~5 次，保持 20~25 秒 8~10 个，间歇 90 秒	10 分钟	70%HRR
平衡素质	博速球 静态平衡 —跪坐平衡 —半蹲两臂前平举 动态平衡 —直立登山步 —直立蹲起 —两人相互模仿	3~5 组，组间间歇 20~60 秒	3~5 次，持续 10~40 秒，间歇 20~40 秒 10~15 个	10 分钟	65%HRR
柔韧素质	颈部直臂牵伸 双臂上举 肩部胸前牵伸 腰部牵拉 臀部牵伸 蝴蝶式牵伸 劈叉、横叉		3 次，每次停留 20~25 秒	5 分钟	60%HRR

（五）注意事项

（1）力量素质练习方法中的跳跃练习主要发展的是爆发力，即如果你的立定跳远成绩较差，则可通过跳跃练习来提高；俯卧撑、平板支撑等练习主要发展的是肌肉耐力，如果你的仰卧起坐成绩较差，则可通过跪姿俯卧撑、平板支撑等发展肌肉耐力练习来提高。

（2）耐力素质练习包括有氧耐力练习和无氧耐力练习，有氧耐力练习指长时间、低强度、无间歇的练习，有助于心肺和血液循环系统功能的提升，如果肺活量较差，则可通过有氧耐力的练习来提高；无氧耐力练习指较大强度、较短间歇时间的练习，如800米跑、原地间歇高抬腿跑、半蹲连续跳等，如果800米跑成绩较差，则可通过无氧耐力练习来提高。

（3）初中的女生附加分项目为仰卧起坐和800米跑，因而可以通过增加肌肉耐力和无氧耐力练习的比例来提高附加分。

（4）该类学生在动作选择上可结合自身特点选择难度较高的动作，负荷量的增加必须遵循循序渐进的原则，并随时间和体质健康水平的提升而进行调整。

二、体质健康水平为良好的学生运动指导方案

（一）练习目标

初中体质健康水平为良好的学生需要发展速度素质、平衡素质、力量素质、耐力素质和柔韧素质，除了有效发展力量、耐力素质，维持柔韧素质，保持良好的体质健康水平外，可试图将各单项评分等级达到良好以上，体质测试总分评价等级达到优秀。运动指导时练习比重分别为25%~30%、15%、30%~35%、25%~30%、5%~10%。

（二）练习内容（男生）

表9-28　**初中体质健康水平为良好的学生的运动指导方案示例周练习计划（男生）**

	周一	周三	周五
速度素质 （25%~30%）	软梯练习 —双足跳 —单足交替跳 —开合跳 反应球 —移动抛接球练习 —对墙掷球 —双人落球接球	小栏架练习 —正向单足稳定跳 —正向单足连续跳 —持实心球双足稳定蹬伸跳跃 —持实心球双足连续蹬伸跳跃	前滚翻起跑 高抬腿起跑 20~30米迎面接力跑 50米跑

续表

	周一	周三	周五
力量素质 (30%~35%)	俯卧撑 平板支撑 引体向上 跳跃练习 —踢臀跳 —后踢腿跳（单腿） —台阶向上快弹跳 —后抛实心球		弹力带 —弹力带肘屈曲 —弹力带背后肘伸展 —弹力带俯身划船 —反向卷腹 —弹力带站姿抬腿
平衡素质 (15%)	博速球 —三点支撑伸展 —半蹲两臂前平举 —防守盖帽 —两人交力	闭眼单脚站立 瑞士球 —四肢平衡 —双手直臂斜支撑	
耐力素质 (25%~30%)		1000 米跑 中速往返跑 原地间歇高抬腿跑 连续跳起摸脚	小栏架练习 —正向双足稳定跳 —正向双足连续跳 —持实心球双足稳定蹬伸跳跃 —持实心球双足连续蹬伸跳跃
柔韧素质 (5%~10%)	静力性牵伸	静力性牵伸	静力性牵伸

表 9-29　初中体质健康水平为良好的学生的运动指导方案示例课练习计划（男生）

	练习内容	练习组数	练习次数	练习时间	练习强度
关节热身	颈部屈伸 扩胸运动 体侧运动 体转运动 附背运动 弓步压腿 腕踝环转运动	2 组	4	5 分钟	55%HRR

续表

	练习内容	练习组数	练习次数	练习时间	练习强度
速度素质	软梯练习 —双足跳 —单足交替跳 —开合跳 反应球 —移动抛接球练习 —对墙掷球 —双人落球接球	3~6 组		15 分钟	80%HRR
力量素质	俯卧撑 引体向上 平板支撑 跳跃练习 —踢臀跳 —后踢腿跳（单腿） —台阶向上快弹跳 —后抛实心球	3~5 组 3	10~25 个 3~5 次，保持 20~30 秒 8~12 个，间歇 90 秒	10 分钟	75%HRR
平衡素质	博速球 静态平衡 —三点支撑伸展 —半蹲两臂前平举 动态平衡 —防守盖帽 —两人交力	 3~5 组，组间间歇 20~60 秒	3~5 次，持续 10~40 秒，间歇 20~40 秒 10~15 个	10 分钟	65%HRR
柔韧素质	颈部直臂牵伸 双臂上举 肩部胸前牵伸 腰部牵拉 臀部牵伸 蝴蝶式牵伸 劈叉、横叉		3 次，每次停留 20~25 秒	5 分钟	60%HRR

（三）注意事项（男生）

①力量素质练习方法中的跳跃练习主要发展的是爆发力，即如果你的立定

跳远成绩较差，则可通过跳跃练习来提高；俯卧撑、平板支撑等练习主要发展的是肌肉耐力，如果你的引体向上成绩较差，则可通过俯卧撑、平板支撑等发展肌肉耐力的练习来提高。

②耐力素质练习包括有氧耐力练习和无氧耐力练习，有氧耐力练习指长时间、低强度、无间歇的练习，有助于心肺和血液循环系统功能的提升，如果肺活量较差，则可通过有氧耐力练习来提高；无氧耐力练习指较大强度、较短间歇时间的练习，如1000米跑、中速往返跑、原地间歇高抬腿跑等，如果1000米跑成绩较差，则可通过无氧耐力练习来提高。

③该类学生在动作选择上可结合自身特点选择难度不同的动作，负荷量的增加必须遵循循序渐进的原则，并随时间和体质的提升而进行调整。

（四）练习内容（女生）

表9-30　初中体质健康水平为良好的学生的运动指导方案示例周练习计划（女生）

	周一	周三	周五
速度素质 （25%~30%）	软梯练习 —双足跳 —单足交替跳 —开合跳 反应球 —移动抛接球练习 —对墙掷球 —双人落球接球	小栏架练习 —正向单足稳定跳 —正向单足连续跳 —持实心球双足稳定蹬伸跳跃 —持实心球双足连续蹬伸跳跃	高抬腿起跑 倒退跑起跑 20~30米迎面接力跑 50米跑
力量素质 （30%~35%）	跪姿俯卧撑 仰卧起坐 平板支撑 跳跃练习 —蹲跳 —高抬腿跳 —后抛实心球		弹力带 —弹力带肘屈曲 —弹力带背后肘伸展 —弹力带俯身划船 —直腿卷腹 —弹力带跪姿蹬腿
平衡素质 （15%）	博速球 —跪坐平衡 —半蹲两臂前平举 —直立登山步 —直立蹲起 —两人相互模仿	闭眼单脚站立 燕式平衡 瑞士球 —四肢平衡 —仰卧双腿直线撑	

续表

	周一	周三	周五
耐力素质 （25%~30%）		800 米跑 原地间歇高抬腿跑 半蹲连续跳	小栏架练习 —正向双足稳定跳 —正向双足连续跳 —持实心球双足稳定蹬伸跳跃 —持实心球双足连续蹬伸跳跃
柔韧素质 （5%~10%）	静力性牵伸	静力性牵伸	静力性牵伸

表 9-31　初中体质健康水平为良好的学生的运动指导方案示例课练习计划（女生）

	练习内容	练习组数	练习次数	练习时间	练习强度
关节热身	颈部屈伸 扩胸运动 体侧运动 体转运动 附背运动 弓步压腿 腕踝环转运动	2 组	8 个	5 分钟	55%HRR
速度素质	软梯练习 —双足跳 —单足交替跳 —开合跳 反应球 —移动抛接球练习 —对墙掷球 —双人落球接球	3~5 组		15 分钟	75%HRR
力量素质	跪姿俯卧撑 仰卧起坐 平板支撑 跳跃练习 —蹲跳 —高抬腿跳 —后抛实心球	3~5 组 3 组	10~20 个 3~5 次，保持 20 秒左右 8~10 个，间歇 90 秒	10 分钟	70%HRR

续表

	练习内容	练习组数	练习次数	练习时间	练习强度
平衡素质	博速球 静态平衡 —跪坐平衡 —半蹲两臂前平举 动态平衡 —直立登山步 —直立蹲起 —两人相互模仿	3~5 组，组间间歇 20~60 秒	3~5 次，持续 10~40 秒，间歇 20~40 秒 10~15 个	10 分钟	65%HRR
柔韧素质	颈部直臂牵伸 双臂上举 肩部胸前牵伸 腰部牵拉 臀部牵伸 蝴蝶式牵伸 劈叉、横叉		3 次，每次停留 20~25 秒	5 分钟	60%HRR

（五）注意事项（女生）

（1）力量素质练习方法中的跳跃练习主要发展的是爆发力，即如果立定跳远成绩较差，则可通过跳跃练习来提高；俯卧撑、平板支撑等练习主要发展的是肌肉耐力，如果仰卧起坐成绩较差，则可通过跪姿俯卧撑、平板支撑等发展肌肉耐力的练习来提高。

（2）耐力素质练习包括有氧耐力练习和无氧耐力练习，有氧耐力练习指长时间、低强度、无间歇的练习，有助于心肺和血液循环系统功能的提升，如果肺活量较差，则可通过有氧耐力的练习来提高；无氧耐力练习指较大强度、较短间歇时间的练习，如 800 米跑、原地间歇高抬腿跑、半蹲连续跳等，如果 800 米跑成绩较差，则可通过无氧耐力的练习来提高。

（3）该类学生在动作选择上可结合自身特点选择难度不同的动作，负荷量的增加必须遵循循序渐进的原则，并随时间和体质的提升而进行调整。

三、体质健康水平为及格的学生运动指导方案

（一）练习目标

初中体质健康水平为良好的学生需要发展速度素质、平衡素质、力量素质、耐力素质和柔韧素质，除了有效发展力量、耐力素质，维持柔韧素质，保

持良好的体质健康水平外，可试图将各单项评分等级达到及格以上，体质测试总分评价等级达到良好及以上。运动指导时练习比重分别为 25%～30%、15%、30%～35%、25%～30%、5%～10%。

（二）练习内容（男生）

表 9-32　**初中体质健康水平为及格的学生的运动指导方案示例周练习计划（男生）**

	周一	周三	周五
速度素质 （25%～30%）	软梯练习 —双足跳 —单足交替跳 —开合跳 反应球 —移动抛接球练习 —单人落球接球 —对墙掷球	小栏架练习 —正向单足稳定跳 —正向单足连续跳 —侧向单足稳定跳 —侧向单足连续跳	前滚翻起跑 高抬腿起跑 20～30 米迎面接力跑 50 米跑
力量素质 （30%～35%）	俯卧撑 引体向上 平板支撑 跳跃练习 —弹簧跳 —踢臀跳		弹力带 —弹力带肘屈曲 —弹力带背后肘伸展 —弹力带俯身划船 —反向卷腹 —弹力带站姿抬腿
平衡素质 （15%）	博速球 —跪坐平衡 —直立登山步 —半蹲两臂前平举 —直立蹲起 —防守盖帽	闭眼单脚站立 瑞士球 —球上本体感觉 —四肢平衡 —双手直臂斜支撑	
耐力素质 （25%～30%）		1000 米跑 中速往返跑 原地间歇高抬腿跑 连续换腿跳台阶	小栏架练习 —正向双足稳定跳 —正向双足连续跳 —正向单足稳定跳 —正向单足连续跳
柔韧素质 （5%～10%）	静力性牵伸	静力性牵伸	静力性牵伸

表 9-33　**初中体质健康水平为及格的学生的运动指导方案示例课练习计划（男生）**

	练习内容	练习组数	练习次数	练习时间	练习强度
关节热身	颈部屈伸 扩胸运动 体侧运动 体转运动 附背运动 弓步压腿 腕踝环转运动	2 组	8 个	5 分钟	55%HRR
速度素质	软梯练习 —双足跳 —单足交替跳 —开合跳 反应球 —移动抛接球练习 —单人落球接球 —对墙掷球	3~6 组	10 个左右	15 分钟	75%HRR
力量素质	俯卧撑 引体向上 平板支撑 跳跃练习 —弹簧跳 —踢臀跳	3~5 组 3 组	10~25 个 3~5 次，保持 20 秒 8~12 个，间歇 90 秒	10 分钟	70%HRR
平衡素质	博速球 静态平衡 —跪坐平衡 —半蹲两臂前平举 动态平衡 —直立登山步 —直立蹲起 —防守盖帽	3~5 组，组间间歇 20~60 秒	3~5 次，持续 10~40 秒，间歇 20~60 秒 10~20 个	10 分钟	65%HRR
柔韧素质	颈部直臂牵伸 双臂上举 肩部胸前牵伸 腰部牵拉 臀部牵伸 蝴蝶式牵伸 劈叉、横叉		3 次，每次停留 20~25 秒	5 分钟	60%HRR

（三）注意事项（男生）

（1）力量素质练习方法中的跳跃练习主要发展的是爆发力，即如果立定跳远成绩较差，则可通过跳跃练习来提高；俯卧撑、平板支撑等练习主要发展的是肌肉耐力，如果引体向上成绩较差，则可通过俯卧撑、平板支撑等发展肌肉耐力的练习来提高。

（2）耐力素质练习包括有氧耐力练习和无氧耐力练习，有氧耐力练习指长时间、低强度、无间歇的练习，有助于心肺和血液循环系统功能的提升，如果肺活量较差，则可通过有氧耐力练习来提高；无氧耐力练习指较大强度、较短间歇时间的练习，如 1000 米跑、中速往返跑、原地间歇高抬腿跑等，如果 1000 米跑成绩较差，则可通过无氧耐力练习来提高。

（3）该类学生要针对自己的弱项进行练习，负荷量、身体活动幅度、技术动作的难易程度应在安全可控的范围内，并随时间和体质的提升进行调整。

（四）练习内容（女生）

表 9-34　**初中体质健康水平为及格的学生的运动指导方案示例周练习计划（女生）**

	周一	周三	周五
速度素质 （25%～30%）	软梯练习 —双足跳 —单足交替跳 —开合跳 反应球 —移动抛接球练习 —单人落球接球 —对墙掷球	小栏架练习 —正向单足稳定跳 —正向单足连续跳 —侧向单足稳定跳 —侧向单足连续跳	高抬腿起跑 倒退跑起跑 20～30 米迎面接力跑 50 米跑
力量素质 （30%～35%）	跪姿俯卧撑 仰卧起坐 平板支撑 跳跃练习 —弹簧跳 —蹲跳		弹力带 —弹力带肘屈曲 —弹力带背后肘伸展 —弹力带俯身划船 —直腿卷腹 —弹力带跪姿蹬腿

续表

	周一	周三	周五
平衡素质 （15%）	博速球 —跪坐平衡 —半蹲两臂前平举 —直立登山步 —两人相互模仿	闭眼单脚站立 燕式平衡 瑞士球 —球上本体感觉 —四肢平衡 —仰卧双腿直线撑	
耐力素质 （25%~30%）		800 米跑 原地间歇高抬腿跑 半蹲连续跳	小栏架练习 —正向双足稳定跳 —正向双足连续跳 —正向单足稳定跳 —正向单足连续跳
柔韧素质 （5%~10%）	静力性牵伸	静力性牵伸	静力性牵伸

表 9-35　**初中体质健康水平为及格的学生的运动指导方案示例课练习计划（女生）**

	练习内容	练习组数	练习次数	练习时间	练习强度
关节热身	颈部屈伸 扩胸运动 体侧运动 体转运动 附背运动 弓步压腿 腕踝环转运动	2 组	8 个	5 分钟	55%HRR
速度素质	软梯练习 —双足跳 —单足交替跳 —开合跳 反应球 —移动抛接球练习 —单人落球接球 —对墙掷球	3~5 组		15 分钟	75%HRR

续表

	练习内容	练习组数	练习次数	练习时间	练习强度
力量素质	跪姿俯卧撑 平板支撑	3~5 组	10~25 个 3~5 次，保持 10~25 秒	10 分钟	70%HRR
	跳跃练习 —弹簧跳 —蹲跳 —高抬腿跳	3 组	8~10 个，间歇 90 秒		
平衡素质	博速球 静态平衡 —跪坐平衡 —半蹲两臂前平举		3~5 次，持续 10~40 秒，间歇 20~60 秒	10 分钟	65%HRR
	动态平衡 —直立登山步 —直立蹲起 —两人相互模仿	3~5 组，组间间歇 20~60 秒	10~20 个		
柔韧素质	颈部直臂牵伸 双臂上举 肩部胸前牵伸 腰部牵拉 臀部牵伸 蝴蝶式牵伸 劈叉、横叉		3 次，每次停留 20~25 秒	5 分钟	60%HRR

（五）注意事项（女生）

（1）力量素质练习方法中的跳跃练习主要发展的是爆发力，即如果立定跳远成绩较差，则可通过跳跃练习来提高；俯卧撑、平板支撑等练习主要发展的是肌肉耐力，如果仰卧起坐成绩较差，则可通过跪姿俯卧撑、平板支撑等发展肌肉耐力的练习来提高。

（2）耐力素质练习包括有氧耐力练习和无氧耐力练习，有氧耐力练习指长时间、低强度、无间歇的练习，有助于心肺和血液循环系统功能的提升，如果肺活量较差，则可通过有氧耐力练习来提高；无氧耐力练习指较大强度、较短间歇时间的练习，如 800 米跑、原地间歇高抬腿跑、半蹲连续跳等，如果 800 米跑成绩较差，则可通过无氧耐力练习来提高。

（3）该类学生要针对自己的弱项进行练习，负荷量、身体活动幅度、技术动作的难易程度应在安全可控的范围内，并随时间和体质的提升进行调整。

四、体质健康水平为不及格的学生运动指导方案

（一）练习目标

初中体质健康水平为良好的学生需要发展速度素质、平衡素质、力量素质、耐力素质和柔韧素质，除了有效发展力量、耐力素质，维持柔韧素质外，要试图将各单项评分等级达到及格以上，体质测试总分评价等级达到及格及以上。运动指导时练习比重分别为25%~30%、15%、30%~35%、25%~30%、5%~10%。

（二）练习内容（男生）

表9-36　**初中体质健康水平为不及格的学生的运动指导方案示例周练习计划（男生）**

	周一	周三	周五
速度素质 （25%~30%）	软梯练习 —双足跳 —单足交替跳 —开合跳 反应球 —移动抛接球练习 —单人落球接球 —对墙掷球	小栏架练习 —正向单足稳定跳 —正向单足连续跳 —侧向单足稳定跳 —侧向单足连续跳	前滚翻起跑 高抬腿起跑 20~30米迎面接力跑 50米跑
力量素质 （30%~35%）	俯卧撑 引体向上 平板支撑 跳跃练习 —弹簧跳 —踢臀跳		弹力带 —弹力带肘屈曲 —弹力带背后肘伸展 —弹力带俯身划船 —反向卷腹 —弹力带站姿抬腿
平衡素质 （15%）	博速球 —跪坐平衡 —直立登山步 —半蹲两臂前平举 —直立蹲起 —防守盖帽	闭眼单脚站立 瑞士球 —球上本体感觉 —四肢平衡 —双手直臂斜支撑	

续表

	周一	周三	周五
耐力素质（25%~30%）		1000米跑 中速往返跑 原地间歇高抬腿跑 连续换腿跳台阶	小栏架练习 —正向双足稳定跳 —正向双足连续跳 —正向单足稳定跳 —正向单足连续跳
柔韧素质（5%~10%）	静力性牵伸	静力性牵伸	静力性牵伸

表9-37　初中体质健康水平为不及格的学生的运动指导方案示例课练习计划（男生）

	练习内容	练习组数	练习次数	练习时间	练习强度
关节热身	颈部屈伸 扩胸运动 体侧运动 体转运动 附背运动 弓步压腿 腕踝环转运动	2组	8个	5分钟	55%HRR
速度素质	软梯练习 —双足跳 —单足交替跳 —开合跳 反应球 —移动抛接球练习 —单人落球接球 —对墙掷球	3~6组	10个左右	15分钟	75%HRR
力量素质	俯卧撑 引体向上 平板支撑 跳跃练习 —弹簧跳 —踢臀跳	3~5组 3组	10~20个 3~5次，保持20秒 8~12个，间歇90秒	10分钟	70%HRR

续表

	练习内容	练习组数	练习次数	练习时间	练习强度
平衡素质	博速球 静态平衡 —跪坐平衡 —半蹲两臂前平举		3~5次，持续10~40秒，间歇20~60秒	10分钟	65%HRR
	动态平衡 —直立登山步 —直立蹲起 —防守盖帽	3~5组，组间间歇20~60秒	15个左右		
柔韧素质	颈部直臂牵伸 双臂上举 肩部胸前牵伸 腰部牵拉 臀部牵伸 蝴蝶式牵伸 劈叉、横叉		3次，每次停留20~25秒	5分钟	60%HRR

（三）注意事项（男生）

（1）力量素质练习方法中的跳跃练习主要发展的是爆发力，即如果立定跳远成绩较差，则可通过跳跃练习来提高；俯卧撑、平板支撑等练习主要发展的是肌肉耐力，如果引体向上成绩较差，则可通过俯卧撑、平板支撑等发展肌肉耐力的练习来提高。

（2）耐力素质练习包括有氧耐力练习和无氧耐力练习，有氧耐力练习指长时间、低强度、无间歇的练习，有助于心肺和血液循环系统功能的提升，如果肺活量较差，则可通过有氧耐力练习来提高；无氧耐力练习指较大强度、较短间歇时间的练习，如1000米跑、中速往返跑、原地间歇高抬腿跑等，如果1000米跑成绩较差，则可通过无氧耐力练习来提高。

（3）该类学生要针对自己的弱项进行针对性练习，负荷量、身体活动幅度、技术动作的难易程度应在安全可控的范围内，并随时间和体质的提升进行调整。

（四）练习内容（女生）

表 9-38　**初中体质健康水平为不及格的学生的运动指导方案示例周练习计划（女生）**

	周一	周三	周五
速度素质 （25%~30%）	软梯练习 —双足跳 —单足交替跳 —开合跳 反应球 —移动抛接球练习 —单人落球接球 —对墙掷球	小栏架练习 —正向单足稳定跳 —正向单足连续跳 —侧向单足稳定跳 —侧向单足连续跳	高抬腿起跑 倒退跑起跑 20~30 米迎面接力跑 50 米跑
力量素质 （30%~35%）	跪姿俯卧撑 仰卧起坐 平板支撑 跳跃练习 —弹簧跳 —蹲跳		弹力带 —弹力带肘屈曲 —弹力带背后肘伸展 —弹力带俯身划船 —直腿卷腹 —弹力带跪姿蹬腿
平衡素质 （15%）	博速球 —跪坐平衡 —半蹲两臂前平举 —直立登山步 —两人相互模仿	闭眼单脚站立 燕式平衡 瑞士球 —球上本体感觉 —四肢平衡 —仰卧双腿直线撑	
耐力素质 （25%~30%）		800 米跑 原地间歇高抬腿跑 半蹲连续跳	小栏架练习 —正向双足稳定跳 —正向双足连续跳 —正向单足稳定跳 —正向单足连续跳
柔韧素质 （5%~10%）	静力性牵伸	静力性牵伸	静力性牵伸

表 9-39　**初中体质健康水平为不及格的学生的运动指导方案示例课练习计划（女生）**

	练习内容	练习组数	练习次数	练习时间	练习强度
关节热身	颈部屈伸 扩胸运动 体侧运动 体转运动 附背运动 弓步压腿 腕踝环转运动	2 组	8 个	5 分钟	55%HRR
速度素质	软梯练习 —双足跳 —单足交替跳 —开合跳 反应球 —移动抛接球练习 —单人落球接球 —对墙掷球	3~5 组		15 分钟	75%HRR
力量素质	跪姿俯卧撑 平板支撑 跳跃练习 —弹簧跳 —蹲跳 —高抬腿跳	3~5 组 3 组	10~20 个 3~5 次，保持 20 秒左右 8~10 个，间歇 90 秒	10 分钟	70%HRR
平衡素质	博速球 静态平衡 —跪坐平衡 —半蹲两臂前平举 动态平衡 —直立登山步 —直立蹲起 —两人相互模仿	3~5 组，组间间歇 20~60 秒	3~5 次，持续 10~40 秒，间歇 20~60 秒 10~20 个	10 分钟	65%HRR

续表

	练习内容	练习组数	练习次数	练习时间	练习强度
柔韧素质	颈部直臂牵伸 双臂上举 肩部胸前牵伸 腰部牵拉 臀部牵伸 蝴蝶式牵伸 劈叉、横叉		3次，每次停留20~25秒	5分钟	60%HRR

（五）注意事项（女生）

（1）力量素质练习方法中的跳跃练习主要发展的是爆发力，即如果立定跳远成绩较差，则可通过跳跃练习来提高；俯卧撑、平板支撑等练习主要发展的是肌肉耐力，如果仰卧起坐成绩较差，则可通过跪姿俯卧撑、平板支撑等发展肌肉耐力的练习来提高。

（2）耐力素质练习包括有氧耐力练习和无氧耐力练习，有氧耐力练习指长时间、低强度、无间歇的练习，有助于心肺和血液循环系统功能的提升，如果肺活量较差，则可通过有氧耐力练习来提高；无氧耐力练习指较大强度、较短间歇时间的练习，如800米跑、原地间歇高抬腿跑、半蹲连续跳等，如果800米跑成绩较差，则可通过无氧耐力练习来提高。

（3）该类学生要针对自己的弱项进行针对性练习，负荷量、身体活动幅度、技术动作的难易程度应在安全可控的范围内，随时间和体质的提升进行调整。

第五节　高中学生运动指导方案

一、体质健康水平为优秀的学生运动指导方案

（一）练习目标

高中体质健康水平为优秀的学生需要发展速度素质、平衡素质、力量素质、耐力素质和柔韧素质，除了高效发展力量、耐力素质，保持优秀的体质健康水平外，可试图将各单项评分等级达到优秀，体质测试的总分突破100分，

并获取更多的附加分。运动指导时各项身体素质的练习比重分别为 25%~30%、15%、30%~35%、25%~30%、10%~15%。

（二）练习内容（男生）

表 9-40　**高中体质健康水平为优秀的学生的运动指导方案示例周练习计划（男生）**

	周一	周三	周五
速度素质（25%~30%）	反应球 —移动抛接球练习 —对墙掷球 —双人落球接球	小栏架练习 —正向单足稳定跳 —正向单足连续跳 —持实心球双足稳定蹬伸跳跃 —持实心球双足连续蹬伸跳跃	前滚翻起跑 高抬腿起跑 50 米跑
力量素质（30%~35%）	俯卧撑 引体向上 弹力带 —弹力带肘屈曲 —弹力带背后肘伸展 —弹力带俯身划船	跳跃练习 —踢臀跳 —后踢腿跳（单腿） —台阶向上快弹跳 —仰卧单手前抛实心球	平板支撑 弹力带 —反向卷腹 —弹力带站姿抬腿 —弹力带站姿前踢腿
平衡素质（15%）	博速球 —三点支撑伸展 —半蹲两臂前平举 —防守盖帽 —两人交力	闭眼单脚站立 瑞士球 —四肢平衡 —双手直臂斜支撑 —脚背贴球俯卧撑	博速球 —三点支撑伸展 —半蹲两臂前平举 —防守盖帽 —两人交力
耐力素质（25%~30%）	1000 米跑 中速往返跑 原地间歇高抬腿跑 连续深蹲跳 连续跳起摸脚		小栏架练习 —正向双足连续跳 —持实心球双足连续蹬伸跳跃
柔韧素质（10%~15%）	静力性牵伸	静力性牵伸	静力性牵伸

表 9-41　**高中体质健康水平为优秀的学生的运动指导方案示例课练习计划（男生）**

	练习内容	练习组数	练习次数	练习时间	练习强度
关节热身	颈部屈伸 扩胸运动 体侧运动 体转运动 附背运动 弓步压腿 腕踝环转运动	2 组	8 个	5 分钟	55%HRR
速度素质	前滚翻起跑 高抬腿起跑 50 米跑		4~6 次， 间歇 1 分钟	10 分钟	80%HRR
力量素质	平板支撑 弹力带 —反向卷腹 —弹力带站姿抬腿 —弹力带站姿前踢腿	3~5 组， 组间间歇 3~4 分钟	3~5 次， 每次持续 20~60 秒 每组 10~15RM	15 分钟	
平衡素质	博速球 静态平衡 —三点支撑伸展 —半蹲两臂前平举 动态平衡 —防守盖帽 —两人交力	5 组， 组间间歇 20~60 秒	3~5 次，持续 10~60 秒，间歇 20~60 秒 20~30 个	10 分钟	70%HRR
耐力素质	小栏架练习 —正向双足连续跳 —持实心球双足连续蹬伸跳跃	5 组	4~6 次	10 分钟	85%HRR

续表

	练习内容	练习组数	练习次数	练习时间	练习强度
柔韧素质	颈部直臂牵伸 双臂上举 肩部胸前牵伸 腰部牵拉 臀部牵伸 单腿牵拉 蝴蝶式牵伸 劈叉、横叉 瑞士球练习 —球上正坐体前屈 —弓步拉伸 —前弓步躯干前倾		5 次，每次停留 25~30 秒	10 分钟	75%HRR

（三）注意事项（男生）

①力量素质练习方法中的跳跃练习主要发展的是爆发力，即如果立定跳远成绩较差，则可通过跳跃练习来提高；俯卧撑、平板支撑等练习主要发展的是肌肉耐力，如果引体向上成绩较差，则可通过俯卧撑、平板支撑等发展肌肉耐力的练习来提高。

②耐力素质练习包括有氧耐力练习和无氧耐力练习，有氧耐力练习指长时间、低强度、无间歇的练习，有助于心肺和血液循环系统功能的提升，如果肺活量较差，则可通过有氧耐力练习来提高；无氧耐力练习指较大强度、较短间歇时间的练习，如 1000 米跑、中速往返跑、原地间歇高抬腿跑等，如果 1000 米跑成绩较差，则可通过无氧耐力练习来提高。

③高中的男生附加分项目为引体向上和 1000 米跑，因而可以通过增加肌肉耐力和无氧耐力练习的比例来提高附加分。

④该类学生在动作选择上可结合自身特点选择难度较高的动作，负荷量的增加必须遵循循序渐进的原则，并随时间和体质健康水平的提升而进行调整。

（四）练习内容（女生）

表 9-42　**高中体质健康水平为优秀的学生的运动指导方案示例周练习计划（女生）**

	周一	周三	周五
速度素质（25%～30%）	反应球 —移动抛接球练习 —对墙掷球 —双人落球接球	小栏架练习 —正向单足稳定跳 —正向单足连续跳 —持实心球双足稳定蹬伸跳跃 —持实心球双足连续蹬伸跳跃	前滚翻起跑 高抬腿起跑 20～30 米迎面接力跑 50 米跑
力量素质（30%～35%）	跪姿俯卧撑 弹力带 —弹力带肘屈曲 —弹力带背后肘伸展 —弹力带俯身划船	跳跃练习 —蹲跳 —高抬腿跳 —仰卧双手前抛实心球	平板支撑 仰卧起坐 弹力带 —直腿卷腹 —弹力带跪姿蹬腿
平衡素质（15%）	博速球 —三点支撑伸展 —半蹲两臂前平举 —直立蹲起 —两人相互模仿	闭眼单脚站立 燕式平衡 瑞士球 —四肢平衡 —仰卧双腿直线撑 —屈膝撑地俯卧撑	博速球 —三点支撑伸展 —半蹲两臂前平举 —直立蹲起 —两人相互模仿
耐力素质（25%～30%）	800 米跑 中速往返跑 原地间歇高抬腿跑 半蹲连续跳 连续深蹲跳		小栏架练习 —正向双足稳定跳 —持实心球双足稳定蹬伸跳跃
柔韧素质（10%～15%）	静力性牵伸	静力性牵伸	静力性牵伸

表 9-43　**高中体质健康水平为优秀的学生的运动指导方案示例课练习计划（女生）**

	练习内容	练习组数	练习次数	练习时间	练习强度
关节热身	颈部屈伸 扩胸运动 体侧运动 体转运动 附背运动 弓步压腿 腕踝环转运动	2 组	8 个	5 分钟	55%HRR
速度素质	反应球 —移动抛接球练习 —对墙掷球 —双人落球接球		10 次左右	5 分钟	60%HRR
力量素质	跪姿俯卧撑	3~5 组，组间间歇 2 分钟	15~30 次	15 分钟	
	弹力带 —弹力带肘屈曲 —弹力带背后肘伸展 —弹力带俯身划船	3~5 组，组间间歇 3~4 分钟	每组 10~15RM		
平衡素质	博速球 静态平衡 —三点支撑伸展 —半蹲两臂前平举		3~5 次，持续 10~60 秒，间歇 20~60 秒	10 分钟	70%HRR
	动态平衡 —直立蹲起 —两人相互模仿	5 组，组间间歇 20~60 秒	20~30 个		
耐力素质	800 米跑		1 次	15 分钟	90%HRR
	中速往返跑 原地间歇高抬腿跑 连续深蹲跳	3~5 组	20~30 个		

续表

	练习内容	练习组数	练习次数	练习时间	练习强度
柔韧素质	项部牵拉 颈部牵伸 颈部直臂牵伸 双臂上举 肩部胸前牵伸 腰部牵拉 劈叉、横叉 瑞士球练习 —肩部拉伸 —双臂贴球墙上走		5次，每次停留25~30秒	10分钟	75%HRR

(五) 注意事项 (女生)

①力量素质练习方法中的跳跃练习主要发展的是爆发力，即如果立定跳远成绩较差，则可通过跳跃练习来提高；俯卧撑、平板支撑等练习主要发展的是肌肉耐力，如果仰卧起坐成绩较差，则可通过跪姿俯卧撑、平板支撑等发展肌肉耐力的练习来提高。

②耐力素质练习包括有氧耐力练习和无氧耐力练习，有氧耐力练习指长时间、低强度、无间歇的练习，有助于心肺和血液循环系统功能的提升，如果肺活量较差，则可通过有氧耐力练习来提高；无氧耐力练习指较大强度、较短间歇时间的练习，如800米跑、原地间歇高抬腿跑、半蹲连续跳等，如果800米跑成绩较差，则可通过无氧耐力练习来提高。

③高中的女生附加分项目为仰卧起坐和800米跑，因而可以通过增加肌肉耐力和无氧耐力练习的比例来提高附加分。

④该类学生在动作选择上可结合自身特点选择难度较高的动作，负荷量的增加必须遵循循序渐进的原则，并随时间和体质健康水平的提升而进行调整。

二、体质健康水平为良好的学生运动指导方案

(一) 练习目标

高中体质健康水平为良好的学生需要发展速度素质、平衡素质、力量素质、耐力素质和柔韧素质，除了高效发展力量、耐力素质，保持良好的体质健

康水平外，可试图将各单项评分等级达到良好以上，体质测试总分评价等级达到优秀。运动指导时练习比重分别为 25%~30%、15%、30%~35%、25%~30%、10%~15%。

（二）练习内容（男生）

表 9-44 高中体质健康水平为良好的学生的运动指导方案示例周练习计划（男生）

	周一	周三	周五
速度素质 （25%~30%）	反应球 —移动抛接球练习 —对墙掷球 —双人落球接球	小栏架练习 —正向单足稳定跳 —正向单足连续跳 —持实心球双足稳定蹬伸跳跃 —持实心球双足连续蹬伸跳跃	前滚翻起跑 高抬腿起跑 50 米跑
力量素质 （30%~35%）	俯卧撑 引体向上 弹力带 —弹力带肘屈曲 —弹力带背后肘伸展 —弹力带俯身划船	跳跃练习 —踢臀跳 —后踢腿跳（单腿） —台阶向上快弹跳 —仰卧单手前抛实心球	平板支撑 弹力带 —反向卷腹 —弹力带站姿抬腿 —弹力带站姿前踢腿
平衡素质 （15%）	博速球 —三点支撑伸展 —半蹲两臂前平举 —防守盖帽 —两人交力	闭眼单脚站立 瑞士球 —四肢平衡 —双手直臂斜支撑 —俯卧撑球单腿高抬	博速球 —三点支撑伸展 —半蹲两臂前平举 —防守盖帽 —两人交力
耐力素质 （25%~30%）	1000 米跑 中速往返跑 原地间歇高抬腿跑 连续深蹲跳 连续跳起摸脚		小栏架练习 —正向双足连续跳 —持实心球双足连续蹬伸跳跃
柔韧素质 （10%~15%）	静力性牵伸	静力性牵伸	静力性牵伸

表 9-45　**高中体质健康水平为良好的学生的运动指导方案示例课练习计划（男生）**

	练习内容	练习组数	练习次数	练习时间	练习强度
关节热身	颈部屈伸 扩胸运动 体侧运动 体转运动 附背运动 弓步压腿 腕踝环转运动	2 组	8 个	5 分钟	55%HRR
速度素质	前滚翻起跑 高抬腿起跑 50 米跑		4~6 次，间歇 1 分钟	10 分钟	80%HRR
力量素质	平板支撑		3~5 次，每次持续 20~60 秒	15 分钟	
	弹力带 —反向卷腹 —弹力带站姿抬腿 —弹力带站姿前踢腿	3~5 组，组间间歇 3~4 分钟	每组 10~15RM		
平衡素质	博速球 静态平衡 —三点支撑伸展 —半蹲两臂前平举		3~5 次，持续 10~60 秒，间歇 20~60 秒	10 分钟	70%HRR
	动态平衡 —防守盖帽 —两人交力	5 组，组间间歇 20~60 秒	20~30 个		
耐力素质	小栏架练习 —正向双足连续跳 —持实心球双足连续蹬伸跳跃	5 组	3~6 次	10 分钟	85%HRR

续表

	练习内容	练习组数	练习次数	练习时间	练习强度
柔韧素质	颈部直臂牵伸 双臂上举 肩部胸前牵伸 腰部牵拉 臀部牵伸 单腿牵拉 蝴蝶式牵伸 劈叉、横叉 瑞士球练习 —球上正坐体前屈 —弓步拉伸 —前弓步躯干前倾		5 次，每次停留 25~30 秒	10 分钟	75%HRR

（三）注意事项（男生）

①力量素质练习方法中的跳跃练习主要发展的是爆发力，即如果立定跳远成绩较差，则可通过跳跃练习来提高；俯卧撑、平板支撑等练习主要发展的是肌肉耐力，如果引体向上成绩较差，则可通过俯卧撑、平板支撑等发展肌肉耐力的练习来提高。

②耐力素质练习包括有氧耐力练习和无氧耐力练习，有氧耐力练习指长时间、低强度、无间歇的练习，有助于心肺和血液循环系统功能的提升，如果肺活量较差，则可通过有氧耐力练习来提高；无氧耐力练习指较大强度、较短间歇时间的练习，如 1000 米跑、中速往返跑、原地间歇高抬腿跑等，如果 1000 米跑成绩较差，则可通过无氧耐力练习来提高。

③初中的男生附加分项目为引体向上和 1000 米跑，因而可以通过增加肌肉耐力和无氧耐力练习的比例来提高附加分。

④该类学生在动作选择上可结合自身特点选择难度较高的动作，负荷量的增加必须遵循循序渐进的原则，并随时间和体质健康水平的提升而进行调整。

（四）练习内容（女生）

表 9-46　**高中体质健康水平为良好的学生的运动指导方案示例周练习计划（女生）**

	周一	周三	周五
速度素质 （25%～30%）	反应球 —移动抛接球练习 —对墙掷球 —双人落球接球	小栏架练习 —正向单足稳定跳 —正向单足连续跳 —持实心球双足稳定蹬伸跳跃 —持实心球双足连续蹬伸跳跃	前滚翻起跑 高抬腿起跑 20～30 米迎面接力跑 50 米跑
力量素质 （30%～35%）	跪姿俯卧撑 弹力带 —弹力带肘屈曲 —弹力带背后肘伸展 —弹力带俯身划船	跳跃练习 —蹲跳 —高抬腿跳 —仰卧双手前抛实心球	平板支撑 仰卧起坐 弹力带 —直腿卷腹 —弹力带跪姿蹬腿
平衡素质 （15%）	博速球 —三点支撑伸展 —半蹲两臂前平举 —直立蹲起 —两人相互模仿	闭眼单脚站立 燕式平衡 瑞士球 —四肢平衡 —仰卧双腿直线撑 —屈膝撑地俯卧撑	博速球 —三点支撑伸展 —半蹲两臂前平举 —直立蹲起 —两人相互模仿
耐力素质 （25%～30%）	800 米跑 中速往返跑 原地间歇高抬腿跑 半蹲连续跳 连续深蹲跳		小栏架练习 —正向双足稳定跳 —持实心球双足稳定蹬伸跳跃
柔韧素质 （10%～15%）	静力性牵伸	静力性牵伸	静力性牵伸

表 9-47　**高中体质健康水平为良好的学生的运动指导方案示例课练习计划（女生）**

	练习内容	练习组数	练习次数	练习时间	练习强度
关节热身	颈部屈伸 扩胸运动 体侧运动 体转运动 附背运动 弓步压腿 腕踝环转运动	2 组	8 个	5 分钟	55%HRR
速度素质	反应球 —移动抛接球练习 —对墙掷球 —双人落球接球		10 次左右	5 分钟	60%HRR
力量素质	跪姿俯卧撑	3～5 组，组间间歇 2 分钟	15～30 次	15 分钟	
	弹力带 —弹力带肘屈曲 —弹力带背后肘伸展 —弹力带俯身划船	3～5 组，组间间歇 3～4 分钟	每组 10～15RM		
平衡素质	博速球 静态平衡 —三点支撑伸展 —半蹲两臂前平举		3～5 次，持续 10～60 秒，间歇 20～60 秒	10 分钟	70%HRR
	动态平衡 —直立蹲起 —两人相互模仿	5 组，组间间歇 20～60 秒	15～30 个		
耐力素质	800 米跑		1 次	15 分钟	90%HRR
	中速往返跑 原地间歇高抬腿跑 连续深蹲跳	3～5 组	15～30 个		

续表

	练习内容	练习组数	练习次数	练习时间	练习强度
柔韧素质	项部牵拉 颈部牵伸 颈部直臂牵伸 双臂上举 肩部胸前牵伸 腰部牵拉 劈叉、横叉 瑞士球练习 —肩部拉伸 —双臂贴球墙上走		5 次，每次停留 25~30 秒	10 分钟	75%HRR

（五）注意事项（女生）

①力量素质练习方法中的跳跃练习主要发展的是爆发力，即如果立定跳远成绩较差，则可通过跳跃练习来提高；俯卧撑、平板支撑等练习主要发展的是肌肉耐力，如果仰卧起坐成绩较差，则可通过跪姿俯卧撑、平板支撑等发展肌肉耐力的练习来提高。

②耐力素质练习包括有氧耐力练习和无氧耐力练习，有氧耐力练习指长时间、低强度、无间歇的练习，有助于心肺和血液循环系统功能的提升，如果肺活量较差，则可通过有氧耐力练习来提高；无氧耐力练习指较大强度、较短间歇时间的练习，如 800 米跑、原地间歇高抬腿跑、半蹲连续跳等，如果 800 米跑成绩较差，则可通过无氧耐力练习来提高。

③高中的男生附加分项目为仰卧起坐和 800 米跑，因而可以通过增加肌肉耐力和无氧耐力练习的比例来提高附加分。

④该类学生在动作选择上可结合自身特点选择难度较高的动作，负荷量的增加必须遵循循序渐进的原则，并随时间和体质健康水平的提升而进行调整。

三、体质健康水平为及格的学生运动指导方案

（一）练习目标

高中体质健康水平为及格的学生需要发展速度素质、平衡素质、力量素

质、耐力素质和柔韧素质，除了高效发展力量、耐力素质，保持良好的体质健康水平外，可试图将各单项评分等级达到及格以上，体质测试总分评价等级达到良好及以上。运动指导时练习比重分别为25%~30%、15%、30%~35%、25%~30%、10%~15%。

（二）练习内容（男生）

表9-48　**高中体质健康水平为及格的学生的运动指导方案示例周练习计划（男生）**

	周一	周三	周五
速度素质（25%~30%）	反应球 —移动抛接球练习 —对墙掷球 —双人落球接球	小栏架练习 —正向单足连续跳 —持实心球双足连续蹬伸跳跃	前滚翻起跑 高抬腿起跑 50米跑
力量素质（30%~35%）	俯卧撑 弹力带 —弹力带肘屈曲 —弹力带背后肘伸展 —弹力带俯身划船	跳跃练习 —踢臀跳 —后踢腿跳（单腿） —台阶向上快弹跳 —仰卧双手前抛实心球	平板支撑 弹力带 —反向卷腹 —弹力带站姿抬腿 —弹力带站姿踢腿
平衡素质（15%）	博速球 —三点支撑伸展 —半蹲两臂前平举 —防守盖帽 —两人交力	闭眼单脚站立 瑞士球 —四肢平衡 —双手直臂斜支撑 —屈膝撑地俯卧撑	博速球 —三点支撑伸展 —半蹲两臂前平举 —防守盖帽 —两人交力
耐力素质（25%~30%）	1000米跑 原地间歇高抬腿跑 连续深蹲跳 连续跳起摸脚		小栏架练习 —正向双足连续跳 —持实心球双足连续蹬伸跳跃
柔韧素质（10%~15%）	静力性牵伸	静力性牵伸	静力性牵伸

表 9-49 **高中体质健康水平为及格的学生的运动指导方案示例课练习计划（男生）**

	练习内容	练习组数	练习次数	练习时间	练习强度
关节热身	颈部屈伸 扩胸运动 体侧运动 体转运动 附背运动 弓步压腿 腕踝环转运动	2 组	8 个	5 分钟	55%HRR
速度素质	前滚翻起跑 高抬腿起跑 50 米跑		3~6 次， 间歇 1 分钟	10 分钟	80%HRR
力量素质	平板支撑	3~5 组， 组间间歇 3~4 分钟	3~5 次，每次 持续 20~25 秒	15 分钟	
	弹力带 —反向卷腹 —弹力带站姿抬腿 —弹力带站姿踢腿		每组 10~15RM		
平衡素质	博速球 静态平衡 —三点支撑伸展 —半蹲两臂前平举		3~5 次，持续 10~60 秒，间歇 20~60 秒	10 分钟	70%HRR
	动态平衡 —防守盖帽 —两人交力	5 组， 组间间歇 20~60 秒	20 个		
耐力素质	小栏架练习 —正向双足连续跳 —持实心球双足连续蹬伸跳跃	5 组	3~5 次	10 分钟	80%HRR

续表

	练习内容	练习组数	练习次数	练习时间	练习强度
柔韧素质	颈部直臂牵伸 双臂上举 肩部胸前牵伸 腰部牵拉 臀部牵伸 单腿牵拉 蝴蝶式牵伸 劈叉、横叉 瑞士球练习 —球上正坐体前屈 —弓步拉伸 —前弓步躯干前倾		5 次，每次停留 25~30 秒	10 分钟	70%HRR

（三）注意事项（男生）

①力量素质练习方法中的跳跃练习主要发展的是爆发力，即如果立定跳远成绩较差，则可通过跳跃练习来提高；俯卧撑、平板支撑等练习主要发展的是肌肉耐力，如果引体向上成绩较差，则可通过俯卧撑、平板支撑等发展肌肉耐力的练习来提高。

②耐力素质练习包括有氧耐力练习和无氧耐力练习，有氧耐力练习指长时间、低强度、无间歇的练习，有助于心肺和血液循环系统功能的提升，如果肺活量较差，则可通过有氧耐力练习来提高；无氧耐力练习指较大强度、较短间歇时间的练习，如 1000 米跑、中速往返跑、原地间歇高抬腿跑等，如果 1000 米跑成绩较差，则可通过无氧耐力练习来提高。

③该类学生要针对自己的弱项进行练习，负荷量、身体活动幅度、技术动作的难易程度应在安全可控的范围内，并随时间和体质的提升进行调整。

（四）练习内容（女生）

表 9-50　**高中体质健康水平为及格的学生的运动指导方案示例周练习计划（女生）**

	周一	周三	周五
速度素质 （25%~30%）	反应球 —移动抛接球练习 —对墙掷球 —双人落球接球	小栏架练习 —正向单足连续跳 —持实心球双足连续蹬伸跳跃	前滚翻起跑 高抬腿起跑 50 米跑

续表

	周一	周三	周五
力量素质（30%~35%）	跪姿俯卧撑 弹力带 —弹力带肘屈曲 —弹力带背后肘伸展 —弹力带俯身划船	跳跃练习 —蹲跳 —高抬腿跳 —仰卧双手前抛实心球	平板支撑 仰卧起坐 弹力带 —直腿卷腹 —弹力带跪姿蹬腿
平衡素质（15%）	博速球 —三点支撑伸展 —半蹲两臂前平举 —直立蹲起 —两人相互模仿	闭眼单脚站立 燕式平衡 瑞士球 —四肢平衡 —仰卧双腿直线撑	博速球 —三点支撑伸展 —半蹲两臂前平举 —直立蹲起 —两人相互模仿
耐力素质（25%~30%）	800 米跑 中速往返跑 原地间歇高抬腿跑 半蹲连续跳 连续深蹲跳		小栏架练习 —正向双足稳定跳 —持实心球双足稳定蹬伸跳跃
柔韧素质（10%~15%）	静力性牵伸	静力性牵伸	静力性牵伸

表 9-51　**高中体质健康水平为及格的学生的运动指导方案示例课练习计划（女生）**

	练习内容	练习组数	练习次数	练习时间	练习强度
关节热身	颈部屈伸 扩胸运动 体侧运动 体转运动 附背运动 弓步压腿 腕踝环转运动	2 组	8 个	5 分钟	55%HRR
速度素质	反应球 —移动抛接球练习 —对墙掷球 —双人落球接球		10 次左右	5 分钟	60%HRR

续表

	练习内容	练习组数	练习次数	练习时间	练习强度
力量素质	跪姿俯卧撑	3~5 组，组间间歇 2 分钟	15~35 次	15 分钟	
	弹力带 —弹力带肘屈曲 —弹力带背后肘伸展 —弹力带俯身划船	3~5 组，组间间歇 3~4 分钟	每组 10~15RM		
平衡素质	博速球 静态平衡 —三点支撑伸展 —半蹲两臂前平举		3~6 次，持续 10~60 秒，间歇 20~60 秒	10 分钟	70%HRR
	动态平衡 —直立蹲起 —两人相互模仿	3~5 组，组间间歇 20~60 秒	20~30 个		
耐力素质	800 米跑		1 次	15 分钟	85%HRR
	中速往返跑 原地间歇高抬腿跑 半蹲连续跳 连续深蹲跳	3~5 组	15~20 个		
柔韧素质	项部牵拉 颈部牵伸 颈部直臂牵伸 双臂上举 肩部胸前牵伸 腰部牵拉 劈叉、横叉 瑞士球练习 —肩部拉伸 —双臂贴球墙上走		5 次，每次停留 25~30 秒	10 分钟	70%HRR

（五）注意事项（女生）

①力量素质练习方法中的跳跃练习主要发展的是爆发力，即如果立定跳远成绩较差，则可通过跳跃练习来提高；俯卧撑、平板支撑等练习主要发展的是肌肉耐力，如果仰卧起坐成绩较差，则可通过跪姿俯卧撑、平板支撑等发展肌肉耐力的练习来提高。

②耐力素质练习包括有氧耐力练习和无氧耐力练习，有氧耐力练习指长时间、低强度、无间歇的练习，有助于心肺和血液循环系统功能的提升，如果肺活量较差，则可通过有氧耐力练习来提高；无氧耐力练习指较大强度、较短间歇时间的练习，如800米跑、原地间歇高抬腿跑、半蹲连续跳等，如果800米跑成绩较差，则可通过无氧耐力练习来提高。

③该类学生要针对自己的弱项进行练习，负荷量、身体活动幅度、技术动作的难易程度应在安全可控的范围内，随时间和体质的提升进行调整。

四、体质健康水平为不及格的学生运动指导方案

（一）练习目标

高中体质健康水平为不及格的学生需要发展速度素质、平衡素质、力量素质、耐力素质和柔韧素质，除了要发展力量、耐力素质外，要试图将各单项评分等级达到及格以上，体质测试总分评价等级达到及格及以上。运动指导时练习比重分别为25%～30%、15%、30%～35%、25%～30%、10%～15%。

（二）练习内容（男生）

表9-52　**高中体质健康水平为不及格的学生的运动指导方案示例周练习计划（男生）**

	周一	周三	周五
速度素质 （25%～30%）	反应球 —移动抛接球练习 —对墙掷球 —双人落球接球	小栏架练习 —正向单足连续跳 —持实心球双足连续蹬伸跳跃	前滚翻起跑 高抬腿起跑 50米跑
力量素质 （30%～35%）	俯卧撑 弹力带 —弹力带肘屈曲 —弹力带背后肘伸展 —弹力带俯身划船	跳跃练习 —踢臀跳 —后踢腿跳（单腿） —台阶向上快弹跳 —仰卧双手前抛实心球	平板支撑 弹力带 —反向卷腹 —弹力带站姿抬腿 —弹力带站姿踢腿
平衡素质 （15%）	博速球 —三点支撑伸展 —半蹲两臂前平举 —防守盖帽 —两人交力	闭眼单脚站立 瑞士球 —四肢平衡 —双手直臂斜支撑	博速球 —三点支撑伸展 —半蹲两臂前平举 —防守盖帽 —两人交力

续表

	周一	周三	周五
耐力素质 （25%~30%）	1000 米跑 原地间歇高抬腿跑 连续深蹲跳 连续跳起摸脚		小栏架练习 —正向双足连续跳 —持实心球双足连续蹬伸跳跃
柔韧素质 （10%~15%）	静力性牵伸	静力性牵伸	静力性牵伸

表 9-53　高中体质健康水平为不及格的学生的运动指导方案示例课练习计划（男生）

	练习内容	练习组数	练习次数	练习时间	练习强度
关节热身	颈部屈伸 扩胸运动 体侧运动 体转运动 附背运动 弓步压腿 腕踝环转运动	2 组	8 个	5 分钟	55%HRR
速度素质	前滚翻起跑 高抬腿起跑 50 米跑		3~5 次，间歇 1 分钟	10 分钟	80%HRR
力量素质	平板支撑 弹力带 —反向卷腹 —弹力带站姿抬腿 —弹力带站姿踢腿	3~5 组，组间间歇 3~4 分钟	3~5 次，每次持续 15~25 秒 每组 10~15RM	15 分钟	
平衡素质	博速球 静态平衡 —三点支撑伸展 —半蹲两臂前平举 动态平衡 —防守盖帽 —两人交力	5 组，组间间歇 20~60 秒	3~5 次，持续 10~60 秒，间歇 20~60 秒 15~25 个	10 分钟	70%HRR

续表

	练习内容	练习组数	练习次数	练习时间	练习强度
耐力素质	小栏架练习 —正向双足连续跳 —持实心球双足连续蹬伸跳跃	5 组	3~5 次	10 分钟	80%HRR
柔韧素质	颈部直臂牵伸 双臂上举 肩部胸前牵伸 腰部牵拉 臀部牵伸 单腿牵拉 蝴蝶式牵伸 劈叉、横叉 瑞士球练习 —球上正坐体前屈 —弓步拉伸 —前弓步躯干前倾		5 次，每次停留 25~30 秒	10 分钟	70%HRR

（三）注意事项（男生）

①力量素质练习方法中的跳跃练习主要发展的是爆发力，即如果立定跳远成绩较差，则可通过跳跃练习来提高；俯卧撑、平板支撑等练习主要发展的是肌肉耐力，如果引体向上成绩较差，则可通过俯卧撑、平板支撑等发展肌肉耐力的练习来提高。

②耐力素质练习包括有氧耐力练习和无氧耐力练习，有氧耐力练习指长时间、低强度、无间歇的练习，有助于心肺和血液循环系统功能的提升，如果肺活量较差，则可通过有氧耐力练习来提高；无氧耐力练习指较大强度、较短间歇时间的练习，如 1000 米跑、中速往返跑、原地间歇高抬腿跑等，如果 1000 米跑成绩较差，则可通过无氧耐力练习来提高。

③该类学生要针对自己的弱项进行针对性练习，负荷量、身体活动幅度、技术动作的难易程度应在安全可控的范围内，并随时间和体质的提升进行调整。

（四）练习内容（女生）

表 9-54　高中体质健康水平为不及格的学生的运动指导方案示例周练习计划（女生）

	周一	周三	周五
速度素质（25%~30%）	反应球 —移动抛接球练习 —对墙掷球 —双人落球接球	小栏架练习 —正向单足连续跳 —持实心球双足连续蹬伸跳跃	前滚翻起跑 高抬腿起跑 50 米跑
力量素质（30%~35%）	跪姿俯卧撑 弹力带 —弹力带肘屈曲 —弹力带背后肘伸展 —弹力带俯身划船	跳跃练习 —蹲跳 —高抬腿跳 —仰卧双手前抛实心球	平板支撑 仰卧起坐 弹力带 —直腿卷腹 —弹力带跪姿蹬腿
平衡素质（15%）	博速球 —三点支撑伸展 —半蹲两臂前平举 —两人相互模仿	闭眼单脚站立 燕式平衡 瑞士球 —四肢平衡 —仰卧双腿直线撑	博速球 —三点支撑伸展 —半蹲两臂前平举 —两人相互模仿
耐力素质（25%~30%）	800 米跑 中速往返跑 原地间歇高抬腿跑 半蹲连续跳 连续深蹲跳		小栏架练习 —正向双足稳定跳 —持实心球双足稳定蹬伸跳跃
柔韧素质（10%~15%）	静力性牵伸	静力性牵伸	静力性牵伸

表 9-55　高中体质健康水平为不及格的学生的运动指导方案示例课练习计划（女生）

	练习内容	练习组数	练习次数	练习时间	练习强度
关节热身	颈部屈伸 扩胸运动 体侧运动 体转运动 附背运动 弓步压腿 腕踝环转运动	2 组	8 个	5 分钟	55%HRR

续表

	练习内容	练习组数	练习次数	练习时间	练习强度
速度素质	反应球 —移动抛接球练习 —对墙掷球 —双人落球接球		10 次左右	5 分钟	60%HRR
力量素质	跪姿俯卧撑	3～5 组，组间间歇 2 分钟	15～30 次	15 分钟	
	弹力带 —弹力带肘屈曲 —弹力带背后肘伸展 —弹力带俯身划船	3～5 组，组间间歇 3～4 分钟	每组 10～15RM		
平衡素质	博速球 静态平衡 —三点支撑伸展 —半蹲两臂前平举	3～5 组，组间间歇 20～60 秒	3～6 次，持续 10～60 秒，间歇 20～60 秒	10 分钟	70%HRR
	动态平衡 —直立蹲起 —两人相互模仿		15～25 个		
耐力素质	800 米跑	3～5 组	1 次	15 分钟	85%HRR
	中速往返跑 原地间歇高抬腿跑 半蹲连续跳 连续深蹲跳		10～20 个		
柔韧素质	项部牵拉 颈部牵伸 颈部直臂牵伸 双臂上举 肩部胸前牵伸 腰部牵拉 劈叉、横叉 瑞士球练习 —肩部拉伸 —双臂贴球墙上走		5 次，每次停留 25～30 秒	10 分钟	70%HRR

（五）注意事项（女生）

①力量素质练习方法中的跳跃练习主要发展的是爆发力，即如果立定跳远成绩较差，则可通过跳跃练习来提高；俯卧撑、平板支撑等练习主要发展的是肌肉耐力，如果仰卧起坐成绩较差，则可通过跪姿俯卧撑、平板支撑等发展肌肉耐力的练习来提高。

②耐力素质练习包括有氧耐力练习和无氧耐力练习，有氧耐力练习指长时间、低强度、无间歇的练习，有助于心肺和血液循环系统功能的提升，如果肺活量较差，则可通过有氧耐力练习来提高；无氧耐力练习指较大强度、较短间歇时间的练习，如800米跑、原地间歇高抬腿跑、半蹲连续跳等，如果800米跑成绩较差，则可通过无氧耐力练习来提高。

③该类学生要针对自己的弱项进行针对性练习，负荷量、身体活动幅度、技术动作的难易程度应在安全可控的范围内，并随时间和体质的提升进行调整。

附录一　国家学生体质健康标准

第一节　《国家学生体质健康标准（2014年修订）》

一、教育部关于印发《国家学生体质健康标准（2014年修订）》的通知

《国家学生体质健康标准（2014年修订）》是指2014年7月18日教育部公布的最新修订的《国家学生体质健康标准》。全文如下：

教育部关于印发《国家学生体质健康标准（2014年修订）》的通知（教体艺〔2014〕5号）

各省、自治区、直辖市教育厅（教委），新疆生产建设兵团教育局，部属各高等学校：

为建立健全国家学生体质健康监测评价机制，激励学生积极参加身体锻炼，引导学校深化体育教学改革，推动各地加强学校体育工作，促进青少年身心健康、体魄强健、全面发展，在认真总结各地实施现行《国家学生体质健康标准》的基础上，结合新时期青少年体质健康状况和学校体育工作实际，我部组织对现行《国家学生体质健康标准》进行了修订。现将《国家学生体质健康标准（2014年修订）》印发给你们，请认真贯彻执行。

教育部

2014年7月7日

二、《国家学生体质健康标准（2014年修订）》说明

1.《国家学生体质健康标准》（以下简称《国家标准》）是国家学校教育工作的基础性指导文件和教育质量基本标准，是评价学生综合素质、评估学校工作和衡量各地教育发展的重要依据，是《国家体育锻炼标准》在学校的具体实施，适

用于全日制普通小学、初中、普通高中、中等职业学校、普通高等学校的学生。

2. 本标准的修订坚持健康第一，落实《国家中长期教育改革和发展规划纲要（2010—2020年）》、《国务院办公厅转发教育部等部门关于进一步加强学校体育工作若干意见的通知》（国办发〔2012〕53号）和《教育部关于印发〈学生体质健康监测评价办法〉等三个文件的通知》（教体艺〔2014〕3号）有关要求，着重提高《国家标准》应用的信度、效度和区分度，着重强化其教育激励、反馈调整和引导锻炼的功能，着重提高其教育监测和绩效评价的支撑能力。

3. 本标准从身体形态、身体机能和身体素质等方面综合评定学生的体质健康水平，是促进学生体质健康发展、激励学生积极进行身体锻炼的教育手段，是国家学生发展核心素养体系和学业质量标准的重要组成部分，是学生体质健康的个体评价标准。

4. 本标准将适用对象划分为以下组别：小学、初中、高中按每个年级为一组，其中小学为6组、初中为3组、高中为3组。大学一、二年级为一组，三、四年级为一组。

5. 小学、初中、高中、大学各组别的测试指标均为必测指标。其中，身体形态类中的身高、体重，身体机能类中的肺活量，以及身体素质类中的50米跑、坐位体前屈为各年级学生共性指标。

6. 本标准的学年总分由标准分与附加分之和构成，满分为120分。标准分由各单项指标得分与权重乘积之和组成，满分为100分。附加分根据实测成绩确定，即对成绩超过100分的加分指标进行加分，满分为20分；小学的加分指标为1分钟跳绳，加分幅度为20分；初中、高中和大学的加分指标为男生引体向上和1000米跑，女生1分钟仰卧起坐和800米跑，各指标加分幅度均为10分。

7. 根据学生学年总分评定等级：90.0分及以上为优秀，80.0~89.9分为良好，60.0~79.9分为及格，59.9分及以下为不及格。

8. 每个学生每学年评定一次，记入《〈国家学生体质健康标准〉登记卡》(附表1~6)。特殊学制的学校，在填写登记卡时可以按规定和需求相应地增减栏目。学生毕业时的成绩和等级，按毕业当年学年总分的50%与其他学年总分平均得分的50%之和进行评定。

9. 学生测试成绩评定达到良好及以上者，方可参加评优与评奖；成绩达到优秀者，方可获体育奖学分。测试成绩评定不及格者，在本学年准予补测一次，补测仍不及格，则学年成绩评定为不及格。普通高中、中等职业学校和普通高等学校学生毕业时，《国家标准》测试的成绩达不到50分者按结业或肄业处理。

10. 学生因病或残疾可向学校提交暂缓或免予执行《国家标准》的申请，经医疗单位证明，体育教学部门核准，可暂缓或免予执行《国家标准》，并填写《免予执行〈国家学生体质健康标准〉申请表》（附表7），存入学生档案。确实丧失运动能力、被免予执行《国家标准》的残疾学生，仍可参加评优与评奖，毕业时《国家标准》成绩需注明免测。

11. 各学校每学年开展覆盖本校各年级学生的《国家标准》测试工作，《国家标准》测试数据经当地教育行政部门按要求审核后，通过“中国学生体质健康网”上传至“国家学生体质健康标准数据管理系统”。测试和数据上传时间由教育行政部门确定。

12. 本标准由教育部负责解释。

三、单项指标与权重

测试对象	单项指标	权重（%）
小学一年级至大学四年级	体重指数（BMI）	15
	肺活量	15
小学一、二年级	50米跑	20
	坐位体前屈	30
	1分钟跳绳	20
小学三、四年级	50米跑	20
	坐位体前屈	20
	1分钟跳绳	20
	1分钟仰卧起坐	10
小学五、六年级	50米跑	20
	坐位体前屈	10
	1分钟跳绳	10
	1分钟仰卧起坐	20
	50米×8往返跑	10
初中、高中、大学各年级	50米跑	20
	坐位体前屈	10
	立定跳远	10
	引体向上（男）/1分钟仰卧起坐（女）	10
	1000米跑（男）/800米跑（女）	20

注：体质指数（BMI）= 体重（千克）÷身高^2（米^2）

四、评分表

（一）单项指标评分表

附表 1-1　**男生体重指数（BMI）单项评分表（单位：千克/米²）**

等级	单项得分	一年级	二年级	三年级	四年级	五年级	六年级	初一	初二	初三	高一	高二	高三	大学
正常	100	13.5~18.1	13.7~18.4	13.9~19.4	14.2~20.1	14.4~21.4	14.7~21.8	15.5~22.1	15.7~22.5	15.8~22.8	16.5~23.2	16.8~23.7	17.3~23.8	17.9~23.9
低体重	80	≤13.4	≤13.6	≤13.8	≤14.1	≤14.3	≤14.6	≤15.4	≤15.6	≤15.7	≤16.4	≤16.7	≤17.2	≤17.8
超重		18.2~20.3	18.5~20.4	19.5~22.1	20.2~22.6	21.5~24.1	21.9~24.5	22.2~24.9	22.6~25.2	22.9~26.0	23.3~26.3	23.8~26.5	23.9~27.3	24.0~27.9
肥胖	**60**	≥20.4	≥20.5	≥22.2	≥22.7	≥24.2	≥24.6	≥25.0	≥25.3	≥26.1	≥26.4	≥26.6	≥27.4	≥28.0

附表 1-2　**女生体重指数（BMI）单项评分表（单位：千克/米²）**

等级	单项得分	一年级	二年级	三年级	四年级	五年级	六年级	初一	初二	初三	高一	高二	高三	大学
正常	100	13.3~17.3	13.5~17.8	13.6~18.6	13.7~19.4	13.8~20.5	14.2~20.8	14.8~21.7	15.3~22.2	16.0~22.6	16.5~22.7	16.9~23.2	17.1~23.3	17.2~23.9
低体重	80	≤13.2	≤13.4	≤13.5	≤13.6	≤13.7	≤14.1	≤14.7	≤15.2	≤15.9	≤16.4	≤16.8	≤17.0	≤17.1
超重		17.4~19.2	17.9~20.2	18.7~21.1	19.5~22.0	20.6~22.9	20.9~23.6	21.8~24.4	22.3~24.8	22.7~25.1	22.8~25.2	23.3~25.4	23.4~25.7	24.0~27.9
肥胖	**60**	≥19.3	≥20.3	≥21.2	≥22.1	≥23.0	≥23.7	≥24.5	≥24.9	≥25.2	≥25.3	≥25.5	≥25.8	≥28.0

附表 1-3 **男生肺活量单项评分表（单位：毫升）**

等级	单项得分	一年级	二年级	三年级	四年级	五年级	六年级	初一	初二	初三	高一	高二	高三	大一 大二	大三 大四
优秀	100	1700	2000	2300	2600	2900	3200	3640	3940	4240	4540	4740	4940	5040	5140
	95	1600	1900	2200	2500	2800	3100	3520	3820	4120	4420	4620	4820	4920	5020
	90	1500	1800	2100	2400	2700	3000	3400	3700	4000	4300	4500	4700	4800	4900
良好	85	1400	1650	1900	2150	2450	2750	3150	3450	3750	4050	4250	4450	4550	4650
	80	1300	1500	1700	1900	2200	2500	2900	3200	3500	3800	4000	4200	4300	4400
及格	78	1240	1430	1620	1820	2110	2400	2780	3080	3380	3680	3880	4080	4180	4280
	76	1180	1360	1540	1740	2020	2300	2660	2960	3260	3560	3760	3960	4060	4160
	74	1120	1290	1460	1660	1930	2200	2540	2840	3140	3440	3640	3840	3940	4040
	72	1060	1220	1380	1580	1840	2100	2420	2720	3020	3320	3520	3720	3820	3920
	70	1000	1150	1300	1500	1750	2000	2300	2600	2900	3200	3400	3600	3700	3800
	68	940	1080	1220	1420	1660	1900	2180	2480	2780	3080	3280	3480	3580	3680
	66	880	1010	1140	1340	1570	1800	2060	2360	2660	2960	3160	3360	3460	3560
	64	820	940	1060	1260	1480	1700	1940	2240	2540	2840	3040	3240	3340	3440
	62	760	870	980	1180	1390	1600	1820	2120	2420	2720	2920	3120	3220	3320
	60	700	800	900	1100	1300	1500	1700	2000	2300	2600	2800	3000	3100	3200

续表

等级	单项得分	一年级	二年级	三年级	四年级	五年级	六年级	初一	初二	初三	高一	高二	高三	大一大二	大三大四
不及格	50	660	750	840	1030	1220	1410	1600	1890	2180	2470	2660	2850	2940	3030
	40	620	700	780	960	1140	1320	1500	1780	2060	2340	2520	2700	2780	2860
	30	580	650	720	890	1060	1230	1400	1670	1940	2210	2380	2550	2620	2690
	20	540	600	660	820	980	1140	1300	1560	1820	2080	2240	2400	2460	2520
	10	500	550	600	750	900	1050	1200	1450	1700	1950	2100	2250	2300	2350

附表 1-4　**女生肺活量单项评分表（单位：毫升）**

等级	单项得分	一年级	二年级	三年级	四年级	五年级	六年级	初一	初二	初三	高一	高二	高三	大一大二	大三大四
优秀	100	1400	1600	1800	2000	2250	2500	2750	2900	3050	3150	3250	3350	3400	3450
	95	1300	1500	1700	1900	2150	2400	2650	2850	3000	3100	3200	3300	3350	3400
	90	1200	1400	1600	1800	2050	2300	2550	2800	2950	3050	3150	3250	3300	3350
良好	85	1100	1300	1500	1700	1950	2200	2450	2650	2800	2900	3000	3100	3150	3200
	80	1000	1200	1400	1600	1850	2100	2350	2500	2650	2750	2850	2950	3000	3050

续表

等级	单项得分	一年级	二年级	三年级	四年级	五年级	六年级	初一	初二	初三	高一	高二	高三	大一 大二	大三 大四
及格	78	960	1150	1340	1530	1770	2010	2250	2400	2550	2650	2750	2850	2900	2950
	76	920	1100	1280	1460	1690	1920	2150	2300	2450	2550	2650	2750	2800	2850
	74	880	1050	1220	1390	1610	1830	2050	2200	2350	2450	2550	2650	2700	2750
	72	840	1000	1160	1320	1530	1740	1950	2100	2250	2350	2450	2550	2600	2650
	70	800	950	1100	1250	1450	1650	1850	2000	2150	2250	2350	2450	2500	2550
	68	760	900	1040	1180	1370	1560	1750	1900	2050	2150	2250	2350	2400	2450
	66	720	850	980	1110	1290	1470	1650	1800	1950	2050	2150	2250	2300	2350
	64	680	800	920	1040	1210	1380	1550	1700	1850	1950	2050	2150	2200	2250
	62	640	750	860	970	1130	1290	1450	1600	1750	1850	1950	2050	2100	2150
	60	600	700	800	900	1050	1200	1350	1500	1650	1750	1850	1950	2000	2050
不及格	50	580	680	780	880	1020	1170	1310	1460	1610	1710	1810	1910	1960	2010
	40	560	660	760	860	990	1140	1270	1420	1570	1670	1770	1870	1920	1970
	30	540	640	740	840	960	1110	1230	1380	1530	1630	1730	1830	1880	1930
	20	520	620	720	820	930	1080	1190	1340	1490	1590	1690	1790	1840	1890
	10	500	600	700	800	900	1050	1150	1300	1450	1550	1650	1750	1800	1850

附表 1-5

男生 50 米跑单项评分表（单位：秒）

等级	单项得分	一年级	二年级	三年级	四年级	五年级	六年级	初一	初二	初三	高一	高二	高三	大一大二	大三大四
优秀	100	10.2	9.6	9.1	8.7	8.4	8.2	7.8	7.5	7.3	7.1	7.0	6.8	6.7	6.6
	95	10.3	9.7	9.2	8.8	8.5	8.3	7.9	7.6	7.4	7.2	7.1	6.9	6.8	6.7
	90	10.4	9.8	9.3	8.9	8.6	8.4	8.0	7.7	7.5	7.3	7.2	7.0	6.9	6.8
良好	85	10.5	9.9	9.4	9.0	8.7	8.5	8.1	7.8	7.6	7.4	7.3	7.1	7.0	6.9
	80	10.6	10.0	9.5	9.1	8.8	8.6	8.2	7.9	7.7	7.5	7.4	7.2	7.1	7.0
及格	78	10.8	10.2	9.7	9.3	9.0	8.8	8.4	8.1	7.9	7.7	7.6	7.4	7.3	7.2
	76	11.0	10.4	9.9	9.5	9.2	9.0	8.6	8.3	8.1	7.9	7.8	7.6	7.5	7.4
	74	11.2	10.6	10.1	9.7	9.4	9.2	8.8	8.5	8.3	8.1	8.0	7.8	7.7	7.6
	72	11.4	10.8	10.3	9.9	9.6	9.4	9.0	8.7	8.5	8.3	8.2	8.0	7.9	7.8
	70	11.6	11.0	10.5	10.1	9.8	9.6	9.2	8.9	8.7	8.5	8.4	8.2	8.1	8.0
	68	11.8	11.2	10.7	10.3	10.0	9.8	9.4	9.1	8.9	8.7	8.6	8.4	8.3	8.2
	66	12.0	11.4	10.9	10.5	10.2	10.0	9.6	9.3	9.1	8.9	8.8	8.6	8.5	8.4
	64	12.2	11.6	11.1	10.7	10.4	10.2	9.8	9.5	9.3	9.1	9.0	8.8	8.7	8.6
	62	12.4	11.8	11.3	10.9	10.6	10.4	10.0	9.7	9.5	9.3	9.2	9.0	8.9	8.8
	60	12.6	12.0	11.5	11.1	10.8	10.6	10.2	9.9	9.7	9.5	9.4	9.2	9.1	9.0

续表

等级	单项得分	一年级	二年级	三年级	四年级	五年级	六年级	初一	初二	初三	高一	高二	高三	大一 大二	大三 大四
不及格	50	12.8	12.2	11.7	11.3	11.0	10.8	10.4	10.1	9.9	9.7	9.6	9.4	9.3	9.2
	40	13.0	12.4	11.9	11.5	11.2	11.0	10.6	10.3	10.1	9.9	9.8	9.6	9.5	9.4
	30	13.2	12.6	12.1	11.7	11.4	11.2	10.8	10.5	10.3	10.1	10.0	9.8	9.7	9.6
	20	13.4	12.8	12.3	11.9	11.6	11.4	11.0	10.7	10.5	10.3	10.2	10.0	9.9	9.8
	10	13.6	13.0	12.5	12.1	11.8	11.6	11.2	10.9	10.7	10.5	10.4	10.2	10.1	10.0

附表 1-6　　**女生 50 米跑单项评分表（单位：秒）**

等级	单项得分	一年级	二年级	三年级	四年级	五年级	六年级	初一	初二	初三	高一	高二	高三	大一 大二	大三 大四
优秀	100	11.0	10.0	9.2	8.7	8.3	8.2	8.1	8.0	7.9	7.8	7.7	7.6	7.5	7.4
	95	11.1	10.1	9.3	8.8	8.4	8.3	8.2	8.1	8.0	7.9	7.8	7.7	7.6	7.5
	90	11.2	10.2	9.4	8.9	8.5	8.4	8.3	8.2	8.1	8.0	7.9	7.8	7.7	7.6
良好	85	11.5	10.5	9.7	9.2	8.8	8.7	8.6	8.5	8.4	8.3	8.2	8.1	8.0	7.9
	80	11.8	10.8	10.0	9.5	9.1	9.0	8.9	8.8	8.7	8.6	8.5	8.4	8.3	8.2

续表

等级	单项得分	一年级	二年级	三年级	四年级	五年级	六年级	初一	初二	初三	高一	高二	高三	大一 大二	大三 大四
及格	78	12.0	11.0	10.2	9.7	9.3	9.2	9.1	9.0	8.9	8.8	8.7	8.6	8.5	8.4
	76	12.2	11.2	10.4	9.9	9.5	9.4	9.3	9.2	9.1	9.0	8.9	8.8	8.7	8.6
	74	12.4	11.4	10.6	10.1	9.7	9.6	9.5	9.4	9.3	9.2	9.1	9.0	8.9	8.8
	72	12.6	11.6	10.8	10.3	9.9	9.8	9.7	9.6	9.5	9.4	9.3	9.2	9.1	9.0
	70	12.8	11.8	11.0	10.5	10.1	10.0	9.9	9.8	9.7	9.6	9.5	9.4	9.3	9.2
	68	13.0	12.0	11.2	10.7	10.3	10.2	10.1	10.0	9.9	9.8	9.7	9.6	9.5	9.4
	66	13.2	12.2	11.4	10.9	10.5	10.4	10.3	10.2	10.1	10.0	9.9	9.8	9.7	9.6
	64	13.4	12.4	11.6	11.1	10.7	10.6	10.5	10.4	10.3	10.2	10.1	10.0	9.9	9.8
	62	13.6	12.6	11.8	11.3	10.9	10.8	10.7	10.6	10.5	10.4	10.3	10.2	10.1	10.0
	60	13.8	12.8	12.0	11.5	11.1	11.0	10.9	10.8	10.7	10.6	10.5	10.4	10.3	10.2
不及格	50	14.0	13.0	12.2	11.7	11.3	11.2	11.1	11.0	10.9	10.8	10.7	10.6	10.5	10.4
	40	14.2	13.2	12.4	11.9	11.5	11.4	11.3	11.2	11.1	11.0	10.9	10.8	10.7	10.6
	30	14.4	13.4	12.6	12.1	11.7	11.6	11.5	11.4	11.3	11.2	11.1	11.0	10.9	10.8
	20	14.6	13.6	12.8	12.3	11.9	11.8	11.7	11.6	11.5	11.4	11.3	11.2	11.1	11.0
	10	14.8	13.8	13.0	12.5	12.1	12.0	11.9	11.8	11.7	11.6	11.5	11.4	11.3	11.2

附表 1-7

男生坐位体前屈单项评分表（单位：厘米）

等级	单项得分	一年级	二年级	三年级	四年级	五年级	六年级	初一	初二	初三	高一	高二	高三	大一 大二	大三 大四
优秀	100	16.1	16.2	16.3	16.4	16.5	16.6	17.6	19.6	21.6	23.6	24.3	24.6	24.9	25.1
	95	14.6	14.7	14.9	15.0	15.2	15.3	15.9	17.7	19.7	21.5	22.4	22.8	23.1	23.3
	90	13.0	13.2	13.4	13.6	13.8	14.0	14.2	15.8	17.8	19.4	20.5	21.0	21.3	21.5
良好	85	12.0	11.9	11.8	11.7	11.6	11.5	12.3	13.7	15.8	17.2	18.3	19.1	19.5	19.9
	80	11.0	10.6	10.2	9.8	9.4	9.0	10.4	11.6	13.8	15.0	16.1	17.2	17.7	18.2
及格	78	9.9	9.5	9.1	8.6	8.2	7.7	9.1	10.3	12.4	13.6	14.7	15.8	16.3	16.8
	76	8.8	8.4	8.0	7.4	7.0	6.4	7.8	9.0	11.0	12.2	13.3	14.4	14.9	15.4
	74	7.7	7.3	6.9	6.2	5.8	5.1	6.5	7.7	9.6	10.8	11.9	13.0	13.5	14.0
	72	6.6	6.2	5.8	5.0	4.6	3.8	5.2	6.4	8.2	9.4	10.5	11.6	12.1	12.6
	70	5.5	5.1	4.7	3.8	3.4	2.5	3.9	5.1	6.8	8.0	9.1	10.2	10.7	11.2
	68	4.4	4.0	3.6	2.6	2.2	1.2	2.6	3.8	5.4	6.6	7.7	8.8	9.3	9.8
	66	3.3	2.9	2.5	1.4	1.0	-0.1	1.3	2.5	4.0	5.2	6.3	7.4	7.9	8.4
	64	2.2	1.8	1.4	0.2	-0.2	-1.4	0.0	1.2	2.6	3.8	4.9	6.0	6.5	7.0
	62	1.1	0.7	0.3	-1.0	-1.4	-2.7	-1.3	-0.1	1.2	2.4	3.5	4.6	5.1	5.6
	60	0.0	-0.4	-0.8	-2.2	-2.6	-4.0	-2.6	-1.4	-0.2	1.0	2.1	3.2	3.7	4.2

续表

等级	单项得分	一年级	二年级	三年级	四年级	五年级	六年级	初一	初二	初三	高一	高二	高三	大一大二	大三大四
不及格	50	−0.8	−1.2	−1.6	−3.2	−3.6	−5.0	−3.8	−2.6	−1.4	0.0	1.1	2.2	2.7	3.2
	40	−1.6	−2.0	−2.4	−4.2	−4.6	−6.0	−5.0	−3.8	−2.6	−1.0	0.1	1.2	1.7	2.2
	30	−2.4	−2.8	−3.2	−5.2	−5.6	−7.0	−6.2	−5.0	−3.8	−2.0	−0.9	0.2	0.7	1.2
	20	−3.2	−3.6	−4.0	−6.2	−6.6	−8.0	−7.4	−6.2	−5.0	−3.0	−1.9	−0.8	−0.3	0.2
	10	−4.0	−4.4	−4.8	−7.2	−7.6	−9.0	−8.6	−7.4	−6.2	−4.0	−2.9	−1.8	−1.3	−0.8

附表 1-8

女生坐位体前屈单项评分表（单位：厘米）

等级	单项得分	一年级	二年级	三年级	四年级	五年级	六年级	初一	初二	初三	高一	高二	高三	大一大二	大三大四
优秀	100	18.6	18.9	19.2	19.5	19.8	19.9	21.8	22.7	23.5	24.2	24.8	25.3	25.8	26.3
	95	17.3	17.6	17.9	18.1	18.5	18.7	20.1	21.0	21.8	22.5	23.1	23.6	24.0	24.4
	90	16.0	16.3	16.6	16.9	17.2	17.5	18.4	19.3	20.1	20.8	21.4	21.9	22.2	22.4
良好	85	14.7	14.8	14.9	15.0	15.1	15.2	16.7	17.6	18.4	19.1	19.7	20.2	20.6	21.0
	80	13.4	13.3	13.2	13.1	13.0	12.9	15.0	15.9	16.7	17.4	18.0	18.5	19.0	19.5

续表

等级	单项得分	一年级	二年级	三年级	四年级	五年级	六年级	初一	初二	初三	高一	高二	高三	大一 大二	大三 大四
及格	78	12.3	12.2	12.1	12.0	11.9	11.8	13.7	14.6	15.4	16.1	16.7	17.2	17.7	18.2
	76	11.2	11.1	11.0	10.9	10.8	10.7	12.4	13.3	14.1	14.8	15.4	15.9	16.4	16.9
	74	10.1	10.0	9.9	9.8	9.7	9.6	11.1	12.0	12.8	13.5	14.1	14.6	15.1	15.6
	72	9.0	8.9	8.8	8.7	8.6	8.5	9.8	10.7	11.5	12.2	12.8	13.3	13.8	14.3
	70	7.9	7.8	7.7	7.6	7.5	7.4	8.5	9.4	10.2	10.9	11.5	12.0	12.5	13.0
	68	6.8	6.7	6.6	6.5	6.4	6.3	7.2	8.1	8.9	9.6	10.2	10.7	11.2	11.7
	66	5.7	5.6	5.5	5.4	5.3	5.2	5.9	6.8	7.6	8.3	8.9	9.4	9.9	10.4
	64	4.6	4.5	4.4	4.3	4.2	4.1	4.6	5.5	6.3	7.0	7.6	8.1	8.6	9.1
	62	3.5	3.4	3.3	3.2	3.1	3.0	3.3	4.2	5.0	5.7	6.3	6.8	7.3	7.8
	60	2.4	2.3	2.2	2.1	2.0	1.9	2.0	2.9	3.7	4.4	5.0	5.5	6.0	6.5
不及格	50	1.6	1.5	1.4	1.3	1.2	1.1	1.2	2.1	2.9	3.6	4.2	4.7	5.2	5.7
	40	0.8	0.7	0.6	0.5	0.4	0.3	0.4	1.3	2.1	2.8	3.4	3.9	4.4	4.9
	30	0.0	-0.1	-0.2	-0.3	-0.4	-0.5	-0.4	0.5	1.3	2.0	2.6	3.1	3.6	4.1
	20	-0.8	-0.9	-1.0	-1.1	-1.2	-1.3	-1.2	-0.3	0.5	1.2	1.8	2.3	2.8	3.3
	10	-1.6	-1.7	-1.8	-1.9	-2.0	-2.1	-2.0	-1.1	-0.3	0.4	1.0	1.5	2.0	2.5

附表 1-9　　男生一分钟跳绳单项评分表（单位：次）

等级	单项得分	一年级	二年级	三年级	四年级	五年级	六年级
优秀	100	109	117	126	137	148	157
	95	104	112	121	132	143	152
	90	99	107	116	127	138	147
良好	85	93	101	110	121	132	141
	80	87	95	104	115	126	135
及格	78	80	88	97	108	119	128
	76	73	81	90	101	112	121
	74	66	74	83	94	105	114
	72	59	67	76	87	98	107
	70	52	60	69	80	91	100
	68	45	53	62	73	84	93
	66	38	46	55	66	77	86
	64	31	39	48	59	70	79
	62	24	32	41	52	63	72
	60	17	25	34	45	56	65
不及格	50	14	22	31	42	53	62
	40	11	19	28	39	50	59
	30	8	16	25	36	47	56
	20	5	13	22	33	44	53
	10	2	10	19	30	41	50

附表 1-10　　女生一分钟跳绳单项评分表（单位：次）

等级	单项得分	一年级	二年级	三年级	四年级	五年级	六年级
优秀	100	117	127	139	149	158	166
	95	110	120	132	142	151	159
	90	103	113	125	135	144	152

续表

等级	单项得分	一年级	二年级	三年级	四年级	五年级	六年级
良好	85	95	105	117	127	136	144
	80	87	97	109	119	128	136
及格	78	80	90	102	112	121	129
	76	73	83	95	105	114	122
	74	66	76	88	98	107	115
	72	59	69	81	91	100	108
	70	52	62	74	84	93	101
	68	45	55	67	77	86	94
	66	38	48	60	70	79	87
	64	31	41	53	63	72	80
	62	24	34	46	56	65	73
	60	17	27	39	49	58	66
不及格	50	14	24	36	46	55	63
	40	11	21	33	43	52	60
	30	8	18	30	40	49	57
	20	5	15	27	37	46	54
	10	2	12	24	34	43	51

附表 1-11　　**男生立定跳远单项评分表（单位：厘米）**

等级	单项得分	初一	初二	初三	高一	高二	高三	大一大二	大三大四
优秀	100	225	240	250	260	265	270	273	275
	95	218	233	245	255	260	265	268	270
	90	211	226	240	250	255	260	263	265
良好	85	203	218	233	243	248	253	256	258
	80	195	210	225	235	240	245	248	250
及格	78	191	206	221	231	236	241	244	246
	76	187	202	217	227	232	237	240	242

续表

等级	单项得分	初一	初二	初三	高一	高二	高三	大一大二	大三大四
及格	74	183	198	213	223	228	233	236	238
	72	179	194	209	219	224	229	232	234
	70	175	190	205	215	220	225	228	230
	68	171	186	201	211	216	221	224	226
	66	167	182	197	207	212	217	220	222
	64	163	178	193	203	208	213	216	218
	62	159	174	189	199	204	209	212	214
	60	155	170	185	195	200	205	208	210
不及格	50	150	165	180	190	195	200	203	205
	40	145	160	175	185	190	195	198	200
	30	140	155	170	180	185	190	193	195
	20	135	150	165	175	180	185	188	190
	10	130	145	160	170	175	180	183	185

附表 1-12　　**女生立定跳远单项评分表（单位：厘米）**

等级	单项得分	初一	初二	初三	高一	高二	高三	大一大二	大三大四
优秀	100	196	200	202	204	205	206	207	208
	95	190	194	196	198	199	200	201	202
	90	184	188	190	192	193	194	195	196
良好	85	177	181	183	185	186	187	188	189
	80	170	174	176	178	179	180	181	182
及格	78	167	171	173	175	176	177	178	179
	76	164	168	170	172	173	174	175	176
	74	161	165	167	169	170	171	172	173
	72	158	162	164	166	167	168	169	170
	70	155	159	161	163	164	165	166	167
	68	152	156	158	160	161	162	163	164

续表

等级	单项得分	初一	初二	初三	高一	高二	高三	大一大二	大三大四
及格	**66**	149	153	155	157	158	159	160	161
	64	146	150	152	154	155	156	157	158
	62	143	147	149	151	152	153	154	155
	60	140	144	146	148	149	150	151	152
不及格	**50**	135	139	141	143	144	145	146	147
	40	130	134	136	138	139	140	141	142
	30	125	129	131	133	134	135	136	137
	20	120	124	126	128	129	130	131	132
	10	115	119	121	123	124	125	126	127

附表 1-13 **男生一分钟仰卧起坐、引体向上单项评分表（单位：次）**

等级	单项得分	三年级	四年级	五年级	六年级	初一	初二	初三	高一	高二	高三	大一大二	大三大四
优秀	**100**	48	49	50	51	13	14	15	16	17	18	19	20
	95	45	46	47	48	12	13	14	15	16	17	18	19
	90	42	43	44	45	11	12	13	14	15	16	17	18
良好	**85**	39	40	41	42	10	11	12	13	14	15	16	17
	80	36	37	38	39	9	10	11	12	13	14	15	16
及格	**78**	34	35	36	37								
	76	32	33	34	35	8	9	10	11	12	13	14	15
	74	30	31	32	33								
	72	28	29	30	31	7	8	9	10	11	12	13	14
	70	26	27	28	29								
	68	24	25	26	27	6	7	8	9	10	11	12	13
	66	22	23	24	25								
	64	20	21	22	23	5	6	7	8	9	10	11	12
	62	18	19	20	21								
	60	16	17	18	19	4	5	6	7	8	9	10	11

续表

等级	单项得分	三年级	四年级	五年级	六年级	初一	初二	初三	高一	高二	高三	大一大二	大三大四
不及格	50	14	15	16	17	3	4	5	6	7	8	9	10
	40	12	13	14	15	2	3	4	5	6	7	8	9
	30	10	11	12	13	1	2	3	4	5	6	7	8
	20	8	9	10	11		1	2	3	4	5	6	7
	10	6	7	8	9			1	2	3	4	5	6

注：小学三年级~六年级：一分钟仰卧起坐；初中、高中、大学：引体向上。

附表 1-14　　**女生一分钟仰卧起坐单项评分表（单位：次）**

等级	单项得分	三年级	四年级	五年级	六年级	初一	初二	初三	高一	高二	高三	大一大二	大三大四
优秀	100	46	47	48	49	50	51	52	53	54	55	56	57
	95	44	45	46	47	48	49	50	51	52	53	54	55
	90	42	43	44	45	46	47	48	49	50	51	52	53
良好	85	39	40	41	42	43	44	45	46	47	48	49	50
	80	36	37	38	39	40	41	42	43	44	45	46	47
及格	78	34	35	36	37	38	39	40	41	42	43	44	45
	76	32	33	34	35	36	37	38	39	40	41	42	43
	74	30	31	32	33	34	35	36	37	38	39	40	41
	72	28	29	30	31	32	33	34	35	36	37	38	39
	70	26	27	28	29	30	31	32	33	34	35	36	37
	68	24	25	26	27	28	29	30	31	32	33	34	35
	66	22	23	24	25	26	27	28	29	30	31	32	33
	64	20	21	22	23	24	25	26	27	28	29	30	31
	62	18	19	20	21	22	23	24	25	26	27	28	29
	60	16	17	18	19	20	21	22	23	24	25	26	27
不及格	50	14	15	16	17	18	19	20	21	22	23	24	25
	40	12	13	14	15	16	17	18	19	20	21	22	23
不及格	30	10	11	12	13	14	15	16	17	18	19	20	21
	20	8	9	10	11	12	13	14	15	16	17	18	19
	10	6	7	8	9	10	11	12	13	14	15	16	17

附表 1-15　**男生耐力跑单项评分表（单位：分·秒）**

等级	单项得分	五年级	六年级	初一	初二	初三	高一	高二	高三	大一大二	大三大四
优秀	100	1′36″	1′30″	3′55″	3′50″	3′40″	3′30″	3′25″	3′20″	3′17″	3′15″
	95	1′39″	1′33″	4′05″	3′55″	3′45″	3′35″	3′30″	3′25″	3′22″	3′20″
	90	1′42″	1′36″	4′15″	4′00″	3′50″	3′40″	3′35″	3′30″	3′27″	3′25″
良好	85	1′45″	1′39″	4′22″	4′07″	3′57″	3′47″	3′42″	3′37″	3′34″	3′32″
	80	1′48″	1′42″	4′30″	4′15″	4′05″	3′55″	3′50″	3′45″	3′42″	3′40″
及格	78	1′51″	1′45″	4′35″	4′20″	4′10″	4′00″	3′55″	3′50″	3′47″	3′45″
	76	1′54″	1′48″	4′40″	4′25″	4′15″	4′05″	4′00″	3′55″	3′52″	3′50″
	74	1′57″	1′51″	4′45″	4′30″	4′20″	4′10″	4′05″	4′00″	3′57″	3′55″
	72	2′00″	1′54″	4′50″	4′35″	4′25″	4′15″	4′10″	4′05″	4′02″	4′00″
	70	2′03″	1′57″	4′55″	4′40″	4′30″	4′20″	4′15″	4′10″	4′07″	4′05″
	68	2′06″	2′00″	5′00″	4′45″	4′35″	4′25″	4′20″	4′15″	4′12″	4′10″
	66	2′09″	2′03″	5′05″	4′50″	4′40″	4′30″	4′25″	4′20″	4′17″	4′15″
	64	2′12″	2′06″	5′10″	4′55″	4′45″	4′35″	4′30″	4′25″	4′22″	4′20″
	62	2′15″	2′09″	5′15″	5′00″	4′50″	4′40″	4′35″	4′30″	4′27″	4′25″
	60	2′18″	2′12″	5′20″	5′05″	4′55″	4′45″	4′40″	4′35″	4′32″	4′30″

续表

等级	单项得分	五年级	六年级	初一	初二	初三	高一	高二	高三	大一大二	大三大四
不及格	50	2′22″	2′16″	5′40″	5′25″	5′15″	5′05″	5′00″	4′55″	4′52″	4′50″
	40	2′26″	2′20″	6′00″	5′45″	5′35″	5′25″	5′20″	5′15″	5′12″	5′10″
	30	2′30″	2′24″	6′20″	6′05″	5′55″	5′45″	5′40″	5′35″	5′32″	5′30″
	20	2′34″	2′28″	6′40″	6′25″	6′15″	6′05″	6′00″	5′55″	5′52″	5′50″
	10	2′38″	2′32″	7′00″	6′45″	6′35″	6′25″	6′20″	6′15″	6′12″	6′10″

注：小学五年级~六年级：50 米×8 往返跑；初中、高中、大学：1000 米跑。

附表 1-16 **女生耐力跑单项评分表（单位：分·秒）**

等级	单项得分	五年级	六年级	初一	初二	初三	高一	高二	高三	大一大二	大三大四
优秀	100	1′41″	1′37″	3′35″	3′30″	3′25″	3′24″	3′22″	3′20″	3′18″	3′16″
	95	1′44″	1′40″	3′42″	3′37″	3′32″	3′30″	3′28″	3′26″	3′24″	3′22″
	90	1′47″	1′43″	3′49″	3′44″	3′39″	3′36″	3′34″	3′32″	3′30″	3′28″
良好	85	1′50″	1′46″	3′57″	3′52″	3′47″	3′43″	3′41″	3′39″	3′37″	3′35″
	80	1′53″	1′49″	4′05″	4′00″	3′55″	3′50″	3′48″	3′46″	3′44″	3′42″
及格	78	1′56″	1′52″	4′10″	4′05″	4′00″	3′55″	3′53″	3′51″	3′49″	3′47″
	76	1′59″	1′55″	4′15″	4′10″	4′05″	4′00″	3′58″	3′56″	3′54″	3′52″
	74	2′02″	1′58″	4′20″	4′15″	4′10″	4′05″	4′03″	4′01″	3′59″	3′57″

续表

等级	单项得分	五年级	六年级	初一	初二	初三	高一	高二	高三	大一大二	大三大四
及格	72	2′05″	2′01″	4′25″	4′20″	4′15″	4′10″	4′08″	4′06″	4′04″	4′02″
	70	2′08″	2′04″	4′30″	4′25″	4′20″	4′15″	4′13″	4′11″	4′09″	4′07″
	68	2′11″	2′07″	4′35″	4′30″	4′25″	4′20″	4′18″	4′16″	4′14″	4′12″
	66	2′14″	2′10″	4′40″	4′35″	4′30″	4′25″	4′23″	4′21″	4′19″	4′17″
	64	2′17″	2′13″	4′45″	4′40″	4′35″	4′30″	4′28″	4′26″	4′24″	4′22″
	62	2′20″	2′16″	4′50″	4′45″	4′40″	4′35″	4′33″	4′31″	4′29″	4′27″
	60	2′23″	2′19″	4′55″	4′50″	4′45″	4′40″	4′38″	4′36″	4′34″	4′32″
不及格	50	2′27″	2′23″	5′05″	5′00″	4′55″	4′50″	4′48″	4′46″	4′44″	4′42″
	40	2′31″	2′27″	5′15″	5′10″	5′05″	5′00″	4′58″	4′56″	4′54″	4′52″
	30	2′35″	2′31″	5′25″	5′20″	5′15″	5′10″	5′08″	5′06″	5′04″	5′02″
	20	2′39″	2′35″	5′35″	5′30″	5′25″	5′20″	5′18″	5′16″	5′14″	5′12″
	10	2′43″	2′39″	5′45″	5′40″	5′35″	5′30″	5′28″	5′26″	5′24″	5′22″

注：小学五年级~六年级：50 米×8 往返跑；初中、高中、大学：800 米跑。

（二）加分指标评分表

附表 2-1　　**男生一分钟跳绳评分表（单位：次）**

加分	一年级	二年级	三年级	四年级	五年级	六年级
20	40	40	40	40	40	40
19	38	38	38	38	38	38
18	36	36	36	36	36	36
17	34	34	34	34	34	34
16	32	32	32	32	32	32
15	30	30	30	30	30	30
14	28	28	28	28	28	28
13	26	26	26	26	26	26
12	24	24	24	24	24	24
11	22	22	22	22	22	22
10	20	20	20	20	20	20
9	18	18	18	18	18	18
8	16	16	16	16	16	16
7	14	14	14	14	14	14
6	12	12	12	12	12	12
5	10	10	10	10	10	10
4	8	8	8	8	8	8
3	6	6	6	6	6	6
2	4	4	4	4	4	4
1	2	2	2	2	2	2

注：一分钟跳绳为高优指标，学生成绩超过单项评分 100 分后，以超过的次数所对应的分数进行加分。

附表 2-2　　**女生一分钟跳绳评分表（单位：次）**

加分	一年级	二年级	三年级	四年级	五年级	六年级
20	40	40	40	40	40	40
19	38	38	38	38	38	38

续表

加分	一年级	二年级	三年级	四年级	五年级	六年级
18	36	36	36	36	36	36
17	34	34	34	34	34	34
16	32	32	32	32	32	32
15	30	30	30	30	30	30
14	28	28	28	28	28	28
13	26	26	26	26	26	26
12	24	24	24	24	24	24
11	22	22	22	22	22	22
10	20	20	20	20	20	20
9	18	18	18	18	18	18
8	16	16	16	16	16	16
7	14	14	14	14	14	14
6	12	12	12	12	12	12
5	10	10	10	10	10	10
4	8	8	8	8	8	8
3	6	6	6	6	6	6
2	4	4	4	4	4	4
1	2	2	2	2	2	2

注：一分钟跳绳为高优指标，学生成绩超过单项评分 100 分后，以超过的次数所对应的分数进行加分。

附表 2-3　　**男生引体向上评分表（单位：次）**

加分	初一	初二	初三	高一	高二	高三	大一大二	大三大四
10	10	10	10	10	10	10	10	10
9	9	9	9	9	9	9	9	9
8	8	8	8	8	8	8	8	8

续表

加分	初一	初二	初三	高一	高二	高三	大一大二	大三大四
7	7	7	7	7	7	7	7	7
6	6	6	6	6	6	6	6	6
5	5	5	5	5	5	5	5	5
4	4	4	4	4	4	4	4	4
3	3	3	3	3	3	3	3	3
2	2	2	2	2	2	2	2	2
1	1	1	1	1	1	1	1	1

附表 2-4　　**女生一分钟仰卧起坐评分表（单位：次）**

加分	初一	初二	初三	高一	高二	高三	大一大二	大三大四
10	13	13	13	13	13	13	13	13
9	12	12	12	12	12	12	12	12
8	11	11	11	11	11	11	11	11
7	10	10	10	10	10	10	10	10
6	9	9	9	9	9	9	9	9
5	8	8	8	8	8	8	8	8
4	7	7	7	7	7	7	7	7
3	6	6	6	6	6	6	6	6
2	4	4	4	4	4	4	4	4
1	2	2	2	2	2	2	2	2

注：引体向上、一分钟仰卧起坐均为高优指标，学生成绩超过单项评分 100 分后，以超过的次数所对应的分数进行加分。

附表 2-5　　**男生 1000 米跑评分表（单位：分·秒）**

加分	初一	初二	初三	高一	高二	高三	大一大二	大三大四
10	−35″	−35″	−35″	−35″	−35″	−35″	−35″	−35″
9	−32″	−32″	−32″	−32″	−32″	−32″	−32″	−32″

续表

加分	初一	初二	初三	高一	高二	高三	大一大二	大三大四
8	−29″	−29″	−29″	−29″	−29″	−29″	−29″	−29″
7	−26″	−26″	−26″	−26″	−26″	−26″	−26″	−26″
6	−23″	−23″	−23″	−23″	−23″	−23″	−23″	−23″
5	−20″	−20″	−20″	−20″	−20″	−20″	−20″	−20″
4	−16″	−16″	−16″	−16″	−16″	−16″	−16″	−16″
3	−12″	−12″	−12″	−12″	−12″	−12″	−12″	−12″
2	−8″	−8″	−8″	−8″	−8″	−8″	−8″	−8″
1	−4″	−4″	−4″	−4″	−4″	−4″	−4″	−4″

附表 2-6　　**女生 800 米跑评分表（单位：分・秒）**

加分	初一	初二	初三	高一	高二	高三	大一大二	大三大四
10	−50″	−50″	−50″	−50″	−50″	−50″	−50″	−50″
9	−45″	−45″	−45″	−45″	−45″	−45″	−45″	−45″
8	−40″	−40″	−40″	−40″	−40″	−40″	−40″	−40″
7	−35″	−35″	−35″	−35″	−35″	−35″	−35″	−35″
6	−30″	−30″	−30″	−30″	−30″	−30″	−30″	−30″
5	−25″	−25″	−25″	−25″	−25″	−25″	−25″	−25″
4	−20″	−20″	−20″	−20″	−20″	−20″	−20″	−20″
3	−15″	−15″	−15″	−15″	−15″	−15″	−15″	−15″
2	−10″	−10″	−10″	−10″	−10″	−10″	−10″	−10″
1	−5″	−5″	−5″	−5″	−5″	−5″	−5″	−5″

注：1000 米跑、800 米跑均为低优指标，学生成绩低于单项评分 100 分后，以减少的秒数所对应的分数进行加分。

（三）标准登记卡样表

《国家学生体质健康标准》登记卡（小学 1~2 年级样表）

学　　校________

姓　　名		性　　别		学　　号	
班　　级		民　　族		出生日期	

<table>
<tr><th rowspan="2">单项指标</th><th colspan="3">一年级</th><th rowspan="2">单项指标</th><th colspan="3">二年级</th></tr>
<tr><th>成绩</th><th>得分</th><th>等级</th><th>成绩</th><th>得分</th><th>等级</th></tr>
<tr><td>体重指数（BMI）
（单位：千克/米^2）</td><td></td><td></td><td></td><td>体重指数（BMI）
（单位：千克/米^2）</td><td></td><td></td><td></td></tr>
<tr><td>肺活量
（单位：毫升）</td><td></td><td></td><td></td><td>肺活量
（单位：毫升）</td><td></td><td></td><td></td></tr>
<tr><td>50 米跑
（单位：秒）</td><td></td><td></td><td></td><td>50 米跑
（单位：秒）</td><td></td><td></td><td></td></tr>
<tr><td>坐位体前屈
（单位：厘米）</td><td></td><td></td><td></td><td>坐位体前屈
（单位：厘米）</td><td></td><td></td><td></td></tr>
<tr><td>1 分钟跳绳
（单位：次）</td><td></td><td></td><td></td><td>1 分钟跳绳
（单位：次）</td><td></td><td></td><td></td></tr>
<tr><td>标准分</td><td colspan="3"></td><td>标准分</td><td colspan="3"></td></tr>
<tr><td>加分指标</td><td colspan="2">成绩</td><td>附加分</td><td>加分指标</td><td colspan="2">成绩</td><td>附加分</td></tr>
<tr><td>1 分钟跳绳
（单位：次）</td><td colspan="2"></td><td></td><td>1 分钟跳绳
（单位：次）</td><td colspan="2"></td><td></td></tr>
<tr><td>学年总分</td><td colspan="3"></td><td>学年总分</td><td colspan="3"></td></tr>
<tr><td>等级评定</td><td colspan="3"></td><td>等级评定</td><td colspan="3"></td></tr>
<tr><td>体育教师签字</td><td colspan="3"></td><td>体育教师签字</td><td colspan="3"></td></tr>
<tr><td>班主任签字</td><td colspan="3"></td><td>班主任签字</td><td colspan="3"></td></tr>
<tr><td>家长签字</td><td colspan="3"></td><td>家长签字</td><td colspan="3"></td></tr>
</table>

学校签章：

年　　月　　日

《国家学生体质健康标准》登记卡（小学 3~4 年级样表）

学　　校________

姓　　名		性　　别		学　　号	
班　　级		民　　族		出生日期	

<table>
<tr><th rowspan="2">单项指标</th><th colspan="3">三年级</th><th rowspan="2">单项指标</th><th colspan="3">四年级</th></tr>
<tr><th>成绩</th><th>得分</th><th>等级</th><th>成绩</th><th>得分</th><th>等级</th></tr>
<tr><td>体重指数（BMI）
（单位：千克/米²）</td><td></td><td></td><td></td><td>体重指数（BMI）
（单位：千克/米²）</td><td></td><td></td><td></td></tr>
<tr><td>肺活量
（单位：毫升）</td><td></td><td></td><td></td><td>肺活量
（单位：毫升）</td><td></td><td></td><td></td></tr>
<tr><td>50 米跑
（单位：秒）</td><td></td><td></td><td></td><td>50 米跑
（单位：秒）</td><td></td><td></td><td></td></tr>
<tr><td>坐位体前屈
（单位：厘米）</td><td></td><td></td><td></td><td>坐位体前屈
（单位：厘米）</td><td></td><td></td><td></td></tr>
<tr><td>1 分钟跳绳
（单位：次）</td><td></td><td></td><td></td><td>1 分钟跳绳
（单位：次）</td><td></td><td></td><td></td></tr>
<tr><td>1 分钟仰卧起坐
（单位：次）</td><td></td><td></td><td></td><td>1 分钟仰卧起坐
（单位：次）</td><td></td><td></td><td></td></tr>
<tr><th>标准分</th><td colspan="3"></td><th>标准分</th><td colspan="3"></td></tr>
<tr><th>加分指标</th><th>成绩</th><th colspan="2">附加分</th><th>加分指标</th><th>成绩</th><th colspan="2">附加分</th></tr>
<tr><td>1 分钟跳绳
（单位：次）</td><td></td><td colspan="2"></td><td>1 分钟跳绳
（单位：次）</td><td></td><td colspan="2"></td></tr>
<tr><th>学年总分</th><td colspan="3"></td><th>学年总分</th><td colspan="3"></td></tr>
<tr><th>等级评定</th><td colspan="3"></td><th>等级评定</th><td colspan="3"></td></tr>
<tr><th>体育教师签字</th><td colspan="3"></td><th>体育教师签字</th><td colspan="3"></td></tr>
<tr><th>班主任签字</th><td colspan="3"></td><th>班主任签字</th><td colspan="3"></td></tr>
<tr><th>家长签字</th><td colspan="3"></td><th>家长签字</th><td colspan="3"></td></tr>
</table>

学校签章：

年　　月　　日

《国家学生体质健康标准》登记卡（小学 5~6 年级样表）

学　　校________

姓　　名		性　　别		学　　号	
班　　级		民　　族		出生日期	

单项指标	五年级			六年级			毕业成绩	
	成绩	得分	等级	成绩	得分	等级	得分	等级
体重指数（BMI）（单位：千克/米^2）								
肺活量（单位：毫升）								
50 米跑（单位：秒）								
坐位体前屈（单位：厘米）								
1 分钟跳绳（单位：次）								
1 分钟仰卧起坐（单位：次）								
50 米×8 往返跑（单位：分·秒）								
标准分								
加分指标	成绩		附加分	成绩		附加分		
1 分钟跳绳（单位：次）								
学年总分								
等级评定								
体育教师签字								
班主任签字								
家长签字								

学校签章：

年　　月　　日

《国家学生体质健康标准》登记卡（初中样表）

学校________

姓　名		性　别		学　号	
班　级		民　族		出生日期	

单项指标	初一			初二			初三			毕业成绩	
	成绩	得分	等级	成绩	得分	等级	成绩	得分	等级	得分	等级
体重指数(BMI)(千克/米^2)											
肺活量(毫升)											
50米跑(秒)											
坐位体前屈(厘米)											
立定跳远(厘米)											
引体向上(男)/1分钟仰卧起坐(女)(次)											
1000米跑(男)/800米跑(女)(分·秒)											
标准分											
加分指标	成绩	附加分		成绩	附加分		成绩	附加分			
引体向上(男)/1分钟仰卧起坐(女)(次)											
1000米跑(男)/800米跑(女)(分·秒)											
学年总分											
等级评定											
体育教师签字											
班主任签字											
家长签字											

学校签章：　　　　年　　月　　日

《国家学生体质健康标准》登记卡(高中样表)

学校______

姓　名		性　别		学　号	
班　级		民　族		出生日期	

单项指标	高一			高二			高三			毕业成绩	
	成绩	得分	等级	成绩	得分	等级	成绩	得分	等级	得分	等级
体重指数(BMI)(千克/米^2)											
肺活量(毫升)											
50米跑(秒)											
坐位体前屈(厘米)											
立定跳远(厘米)											
引体向上(男)/1分钟仰卧起坐(女)(次)											
1000米跑(男)/800米跑(女)(分·秒)											
标准分											
加分指标	成绩	附加分		成绩	附加分		成绩	附加分			
引体向上(男)/1分钟仰卧起坐(女)(次)											
1000米跑(男)/800米跑(女)(分·秒)											
学年总分											
等级评定											
体育教师签字											
班主任签字											
家长签字											

注:中等职业学校参照样表执行。　　　　学校签章:　　　　年　　月　　日

《国家学生体质健康标准》登记卡（大学样表）

学校＿＿＿＿＿＿

姓　名		性　别		学　号	
院（系）		民　族		出生日期	

单项指标	大一			大二			大三			大四			毕业成绩	
	成绩	得分	等级	成绩	得分	等级	成绩	得分	等级	成绩	得分	等级	得分	等级
体重指数（BMI）（千克/米^2）														
肺活量（毫升）														
50 米跑（秒）														
坐位体前屈（厘米）														
立定跳远（厘米）														
引体向上（男）/1 分钟仰卧起坐（女）（次）														
1000 米跑（男）/800 米跑（女）（分·秒）														
标准分														
加分指标	成绩	附加分		成绩	附加分		成绩	附加分		成绩	附加分			
引体向上（男）/1 分钟仰卧起坐（女）（次）														
1000 米跑（男）/800 米跑（女）（分·秒）														
学年总分														
等级评定														
体育教师签字														
辅导员签字														

注：高等职业学校、高等专科学校参照本样表执行。

学校签章：　　　　　　年　　月　　日

免予执行《国家学生体质健康标准》申请表（样表）

<table>
<tr><td>姓　　名</td><td colspan="2"></td><td>性　　别</td><td></td><td>学　　号</td><td></td></tr>
<tr><td>班　　级
/院（系）</td><td colspan="2"></td><td>民　　族</td><td></td><td>出生日期</td><td></td></tr>
<tr><td>原因</td><td colspan="6">申请人：
年　　月　　日</td></tr>
<tr><td colspan="2">**体育教师签字**</td><td colspan="2"></td><td colspan="2">**家长签字**</td><td></td></tr>
<tr><td>学校体育部门意见</td><td colspan="6">学校签章：
年　　月　　日</td></tr>
</table>

注：中等职业学校及普通高等学校的学生，“家长签字”由学生本人签字。

附录二　数据上报有关信息表

1-生理指标

筛 查 项 目		正常值
间质的离子分析	钠	-5~5
	钾	-5~5
	氯	-5~5
	镁	-5~5
	钙	-5~5
	磷	-5~5
	铁	-5~5
酸碱平衡	pH 值	7.29~7.37
	HCO_3 值	22~26
	$PaCO_2$ 值	41~51
	PaO_2 值	80.5~88.5
	H+值	42.6~51.3
	SBE 值	-2~+2
	iSO_2 值	0.98
自由基水平	间质的过氧亚硝酸自由基	≤10
	小分子自由基	≤10
	过氧化氢自由基	≤10
	超氧阴离子自由基	≤10
	羟自由基	≤10

续表

筛查项目		正常值
神经递质	五羟色胺	−10～10
	多巴胺	−10～10
	儿茶酚胺	−10～10
	乙酰胆碱	−10～10
生化相对指标	甘油三酯	−5～5
	谷草转氨酶	−5～5
	谷丙转氨酶	−5～5
	碱性磷酸酶和转肽酶	−5～5
	血糖	−5～5
	低密度脂蛋白	−5～5
激素水平	促甲状腺激素	−20～20
	促卵泡激素	−20～20
	脱氢表雄酮	−20～20
	皮质醇	−20～20
	醛固酮	−20～20
	肾上腺髓质	−20～20
	睾丸激素	−20～20
	胰岛素	−20～20
	甲状旁腺激素	−20～20
	甲状腺激素	−20～20
	抗利尿激素	−20～20
	促肾上腺皮质激素	−20～20

2−民族代码

1	汉族	4	藏族
2	蒙古族	5	维吾尔族
3	回族	6	苗族

续表

7	彝族	33	羌族
8	壮族	34	布朗族
9	布依族	35	撒拉族
10	朝鲜族	36	毛南族
11	满族	37	仡佬族
12	侗族	38	锡伯族
13	瑶族	39	阿昌族
14	白族	40	普米族
15	土家族	41	塔吉克族
16	哈尼族	42	怒族
17	哈萨克族	43	乌孜别克族
18	傣族	44	俄罗斯族
19	黎族	45	鄂温克族
20	傈僳族	46	德昂族
21	佤族	47	保安族
22	畲族	48	裕固族
23	高山族	49	京族
24	拉祜族	50	塔塔尔族
25	水族	51	独龙族
26	东乡族	52	鄂伦春族
27	纳西族	53	赫哲族
28	景颇族	54	门巴族
29	柯尔克孜族	55	珞巴族
30	土族	56	基诺族
31	达斡尔族	57	其他
32	仫佬族	58	外国血统

3-年级编码

序号	名称	编码	备注
1	一年级	11	
2	二年级	12	
3	三年级	13	
4	四年级	14	
5	五年级	15	
6	六年级	16	
7	初一	21	
8	初二	22	
9	初三	23	
10	高一	31	
11	高二	32	
12	高三	33	
13	大一	41	
14	大二	42	
15	大三	43	
16	大四	44	

4-性别编码

序号	名称	编码	备注
1	男	1	
2	女	2	

5-学生来源编码

110000	**北京**		
120000	**天津**		
130000	**河北省**		
130100	石家庄市	130700	张家口市
130200	唐山市	130800	承德市

续表

130300	秦皇岛市	130900	沧州市
130400	邯郸市	131000	廊坊市
130500	邢台市	131100	衡水市
130600	保定市	139000	华北石油教育培训中心
140000	**山西省**		
140100	太原市	140700	晋中市
140200	大同市	140800	运城市
140300	阳泉市	140900	忻州市
140400	长治市	141000	临汾市
140500	晋城市	141100	吕梁市
140600	朔州市		
150000	**内蒙古自治区**		
150100	呼和浩特市	150700	呼伦贝尔市
150200	包头市	150800	巴彦淖尔市
150300	乌海市	150900	乌兰察布市
150400	赤峰市	152200	兴安盟
150500	通辽市	152500	锡林郭勒盟
150600	鄂尔多斯市	152900	阿拉善盟
210000	**辽宁省**		
210100	沈阳市	210800	营口市
210200	大连市	210900	阜新市
210300	鞍山市	211000	辽阳市
210400	抚顺市	211100	盘锦市
210500	本溪市	211200	铁岭市
210600	丹东市	211300	朝阳市
210700	锦州市	211400	葫芦岛市
220000	**吉林省**		
220100	长春市	220600	白山市

续表

220200	吉林市	220700	松原市
220300	四平市	220800	白城市
220400	辽源市	222400	延边朝鲜族自治州
220500	通化市		
230000	**黑龙江省**		
230100	哈尔滨市	230800	佳木斯市
230200	齐齐哈尔市	230900	七台河市
230300	鸡西市	231000	牡丹江市
230400	鹤岗市	231100	黑河市
230500	双鸭山市	231200	绥化市
230600	大庆市	232700	大兴安岭地区
230700	伊春市		
310000	**上海**		
320000	**江苏省**		
320100	南京市	320800	淮安市
320200	无锡市	320900	盐城市
320300	徐州市	321000	扬州市
320400	常州市	321100	镇江市
320500	苏州市	321200	泰州市
320600	南通市	321300	宿迁市
320700	连云港市		
330000	**浙江省**		
330100	杭州市	330700	金华市
330200	宁波市	330800	衢州市
330300	温州市	330900	舟山市
330400	嘉兴市	331000	台州市
330500	湖州市	331100	丽水市
330600	绍兴市		

续表

340000	**安徽省**		
340100	合肥市	341100	滁州市
340200	芜湖市	341200	阜阳市
340300	蚌埠市	341300	宿州市
340400	淮南市	341400	巢湖市
340500	马鞍山市	341500	六安市
340600	淮北市	341600	亳州市
340700	铜陵市	341700	池州市
340800	安庆市	341800	宣城市
341000	黄山市		
350000	**福建省**		
350100	福州市	350600	漳州市
350200	厦门市	350700	南平市
350300	莆田市	350800	龙岩市
350400	三明市	350900	宁德市
350500	泉州市		
360000	**江西省**		
360100	南昌市	360700	赣州市
360200	景德镇市	360800	吉安市
360300	萍乡市	360900	宜春市
360400	九江市	361000	抚州市
360500	新余市	361100	上饶市
360600	鹰潭市		
370000	**山东省**		
370100	济南市	371000	威海市
370200	青岛市	371100	日照市
370300	淄博市	371200	莱芜市
370400	枣庄市	371300	临沂市

续表

370500	东营市	371400	德州市
370600	烟台市	371500	聊城市
370700	潍坊市	371600	滨州市
370800	济宁市	371700	菏泽市
370900	泰安市		
410000	**河南省**		
410100	郑州市	411000	许昌市
410200	开封市	411100	漯河市
410300	洛阳市	411200	三门峡市
410400	平顶山市	411300	南阳市
410500	安阳市	411400	商丘市
410600	鹤壁市	411500	信阳市
410700	新乡市	411600	周口市
410800	焦作市	411700	驻马店市
410900	濮阳市		
420000	**湖北省**		
420100	武汉市	420900	孝感市
420200	黄石市	421000	荆州市
420300	十堰市	421100	黄冈市
420500	宜昌市	421200	咸宁市
420600	襄阳市	421300	随州市
420700	鄂州市	422800	恩施土家族苗族自治州
420800	荆门市	429000	省直辖行政单位
430000	**湖南省**		
430100	长沙市	430800	张家界市
430200	株洲市	430900	益阳市
430300	湘潭市	431000	郴州市
430400	衡阳市	431100	永州市

续表

430500	邵阳市	431200	怀化市
430600	岳阳市	431300	娄底市
430700	常德市	433100	湘西土家族苗族自治州
440000	**广东省**		
440100	广州市	441400	梅州市
440200	韶关市	441500	汕尾市
440300	深圳市	441600	河源市
440400	珠海市	441700	阳江市
440500	汕头市	441800	清远市
440600	佛山市	441900	东莞市
440700	江门市	442000	中山市
440800	湛江市	445100	潮州市
440900	茂名市	445200	揭阳市
441200	肇庆市	445300	云浮市
441300	惠州市		
450000	**广西壮族自治区**		
450100	南宁市	450800	贵港市
450200	柳州市	450900	玉林市
450300	桂林市	451000	百色市
450400	梧州市	451100	贺州市
450500	北海市	451200	河池市
450600	防城港市	451300	来宾市
450700	钦州市	451400	崇左市
460000	**海南省**		
460100	海口市	469000	省直辖县级行政单位
460200	三亚市		
500000	**重庆市**		
510000	**四川省**		

续表

510100	成都市	511400	眉山市
510300	自贡市	511500	宜宾市
510400	攀枝花市	511600	广安市
510500	泸州市	511700	达州市
510600	德阳市	511800	雅安市
510700	绵阳市	511900	巴中市
510800	广元市	512000	资阳市
510900	遂宁市	513200	阿坝藏族羌族自治州
511000	内江市	513300	甘孜藏族自治州
511100	乐山市	513400	凉山彝族自治州
511300	南充市		
520000	**贵州省**		
520100	贵阳市	522300	黔西南布依族苗族自治州
520200	六盘水市	522400	毕节地区
520300	遵义市	522600	黔东南苗族侗族自治州
520400	安顺市	522700	黔南布依族苗族自治州
522200	铜仁地区		
530000	**云南省**		
530100	昆明市	532300	楚雄彝族自治州
530300	曲靖市	532500	红河哈尼族彝族自治州
530400	玉溪市	532600	文山壮族苗族自治州
530500	保山市	532800	西双版纳傣族自治州
530600	昭通市	532900	大理白族自治州
530700	丽江市	533100	德宏傣族景颇族自治州
530800	思茅市	533300	怒江傈僳族自治州
530900	临沧市	533400	迪庆藏族自治州
540000	**西藏自治区**		
540100	拉萨市	542400	那曲地区

续表

542100	昌都地区	542500	阿里地区
542200	山南地区	542600	林芝地区
542300	日喀则地区		
610000	**陕西省**		
610100	西安市	610600	延安市
610200	铜川市	610700	汉中市
610300	宝鸡市	610800	榆林市
610400	咸阳市	610900	安康市
610500	渭南市	611000	商洛市
620000	**甘肃省**		
620100	兰州市	620800	平凉市
620200	嘉峪关市	620900	酒泉市
620300	金昌市	621000	庆阳市
620400	白银市	621100	定西市
620500	天水市	622900	临夏回族自治州
620600	武威市	623000	甘南藏族自治州
620700	张掖市	621200	陇南市
630000	**青海省**		
630100	西宁市	632600	果洛藏族自治州
632100	海东地区	632700	玉树藏族自治州
632200	海北藏族自治州	632800	海西蒙古族藏族自治州
632300	黄南藏族自治州	632900	青海省油田教育管理中心
632500	海南藏族自治州		
640000	**宁夏回族自治区**		
640100	银川市	640400	固原市
640200	石嘴山市	640500	中卫市
640300	吴忠市		
650000	**新疆维吾尔自治区**		

续表

650100	乌鲁木齐市	653000	克孜勒苏柯尔克孜自治州
650200	克拉玛依市	653100	喀什地区
652100	吐鲁番地区	653200	和田地区
652200	哈密地区	654000	伊犁哈萨克自治州
652300	昌吉回族自治州	654200	塔城地区
652700	博尔塔拉蒙古自治州	654300	阿勒泰地区
652800	巴音郭楞蒙古自治州	659000	省直辖行政单位
652900	阿克苏地区		
660000	**新疆生产建设兵团**		
660100	农一师	660800	农八师
660200	农二师	660900	农九师
660300	农三师	661000	农十师
660400	农四师	661100	建工师
660500	农五师	661200	农十二师
660600	农六师	661300	农十三师
660700	农七师	661400	农十四师
710000	**台湾省**		
810000	**香港特别行政区**		
820000	**澳门特别行政区**		

参 考 文 献

[1] 国家教育部. 国家学生体质健康标准(2014 年修订). 2014.
[2] 国家教育部. 学生体质健康监测评价办法. 2014.
[3] 国家教育部. 中小学校体育工作评估办法. 2014.
[4] 国家教育部. 学校体育工作年度报告办法. 2014.
[5] 中共中央　国务院. 关于加强青少年体育增强青少年体质的意见. 2007.
[6] 中共中央　国务院. 关于进一步加强学校体育工作若干意见的通知.2012.
[7] 中共中央　国务院. 关于强化学校体育促进学生身心健康全面发展的意见.2016.
[8] 中共中央 国务院. “健康中国 2030”规划纲要. 2016.
[9] 中共中央 国务院. 中长期青年发展规划(2016—2025 年). 2017.
[10] 国家教育部. 高等学校体育工作基本标准. 2014.
[11] 国务院教育督导委员会办公室. 中小学校体育工作督导评估办法. 2017.
[12] 国家教育部 国家体育总局. 国家学生体质健康标准解读. 2007.
[13] 国家教育部. 国家学生体质健康标准(2014 年修订)学生年级性别民族来源代码表. 2014.

后　记

在本书撰写过程中，开展了大量的数据调研、取材等工作，得到了各院校老师、企业的大力支持和协助，在此，一并表示感谢！

感谢以下老师对本书提供的数据调研和资料支持（排名不分先后，按首字母排序）：

敖　翔　陈国弼　曹　霞　丁　丹　杜聚肖　韩洪波　刘　禾　李淑娟
李　锐　刘　羽　凌月红　李雅茹　刘　壮　贾　潇　孔振兴　宁迎波
苏　浩　孙显仁　孙　岩　孙永生　孙婷婷　邵文娟　唐克己　吴　惠
齐　磊　王全军　王　洋　徐呈祥　杨　波　燕　鹏　杨远成　于晶晶
张　燕　张小龙

感谢以下单位对本书提供的仪器演示和照片素材：
北京体适能体育科技有限公司
中央司法警官学院警体部